ㄒRANSLAㄒE

Translated Language Learning

翻訳された言語学習

Translated Language Learning

The Fisherman and his Soul

어부와 그의 영혼

Oscar Wilde

English / 한국어

Copyright © 2023 Tranzlaty
All rights reserved.
Published by Tranzlaty
ISBN: 978-1-83566-052-2
Original text by Oscar Wilde
The Fisherman and his Soul
First published in English in 1891
www.tranzlaty.com

The Mermaid
인어

Every evening the young Fisherman went out to sea
매일 저녁 젊은 어부는 바다로 나갔다
and the young Fisherman threw his nets into the water
젊은 어부는 그물을 물에 던졌다
When the wind blew from the land he caught nothing
땅에서 바람이 불어도 그는 아무것도 잡지 못했다
or he caught just a few fish at best
아니면 기껏해야 물고기 몇 마리만 잡았을 뿐이다
because it was a bitter and black-winged wind
매서운 검은 날개 바람이었기 때문이다
rough waves rose up to meet the wind from the land
거친 파도가 육지에서 불어오는 바람을 만나 일어섰다
But at other times the wind blew to the shore
그러나 어떤 때는 바람이 해안으로 불어오기도 했다
and then the fishes came in from the deep
그러자 물고기들이 깊은 곳에서 들어왔습니다
the fishes swam into the meshes of his nets
물고기들은 그물망 속으로 헤엄쳐 들어갔다
and he took the fish to the market-place
그는 그 물고기를 시장으로 데리고 갔다
and he sold all the fishes that he had caught
그는 잡은 물고기를 모두 팔았다

but there was one special evening
하지만 특별한 저녁이 있었다
the Fisherman's net was heavier than normal
어부의 그물은 평소보다 무거웠다
he could hardly pull his net onto the boat
그는 그물을 배 위로 끌어당길 수가 없었다
The Fisherman laughed to himself
어부는 혼잣말로 웃었다
"Surely, I have caught all the fish that swim"
"확실히, 나는 헤엄치는 물고기를 모두 잡았다"
"or I have snared some horrible monster"

"아니면 내가 어떤 끔찍한 괴물을 잡았거나"
"a monster that will be a marvel to men"
"사람들에게 경이로움이 될 괴물"
"or it will be a thing of horror"
"그렇지 않으면 무서운 일이 될 것입니다"
"a beast that the great Queen will desire"
"위대한 여왕께서 갈망하실 짐승"
With all his strength he tugged at the coarse ropes
그는 온 힘을 다해 거친 밧줄을 잡아당겼다
he pulled until the long veins rose up on his arms
그는 팔에 긴 핏줄이 솟아오를 때까지 잡아당겼다
like lines of blue enamel round a vase of bronze
청동 꽃병을 둘러싼 파란색 에나멜 선처럼
He tugged at the thin ropes of his nets
그는 그물의 가느다란 밧줄을 잡아당겼다
and at last the net rose to the top of the water
마침내 그물이 물 위로 솟아올랐다
But there were no fish in his net
그러나 그의 그물에는 물고기가 하나도 없었다
nor was there a monster or thing of horror
괴물이나 무서운 것도 없었다
there was only a little Mermaid
작은 인어 공주 만 있었다
she was lying fast asleep in his net
그녀는 그의 그물 속에서 깊이 잠들어 있었다
Her hair was like a wet foil of gold
그녀의 머리카락은 젖은 금박 같았다
like golden flakes in a glass of water
물 한 잔 속의 황금빛 조각처럼
Her little body was as white ivory
그녀의 작은 몸은 하얀 상아색이었다
and her tail was made of silver and pearl
그 꼬리는 은과 진주로 만들어졌다
and the green weeds of the sea coiled round her tail
바다의 푸른 잡초가 그녀의 꼬리를 휘감고 있었다
and like sea-shells were her ears
조개껍데기 같은 귀가 그녀의 귀였다

and her lips were like sea-coral
그녀의 입술은 바다 산호 같았다
The cold waves dashed over her cold breasts
차가운 파도가 그녀의 차가운 가슴을 덮쳤다
and the salt glistened upon her eyelids
소금이 그녀의 눈꺼풀 위에서 반짝였다
She was so beautiful that the he was filled with wonder
그녀는 너무나 아름다워서 그는 경이로움으로 가득 찼습니다
he pulled the net closer to the boat
그는 그물을 배 가까이로 끌어당겼다
leaning over the side, he clasped her in his arms
그는 옆으로 몸을 기울여 그녀를 품에 안았다
She woke, and looked at him in terror
그녀는 잠에서 깨어났고, 공포에 질려 그를 쳐다보았다
When he touched her she gave a cry
그가 그녀를 만졌을 때 그녀는 울음을 터뜨렸다
she cried out like a startled sea-gull
그녀는 깜짝 놀란 갈매기처럼 울부짖었다
she looked at him with her mauve-amethyst eyes
그녀는 연보라색 자수정 눈으로 그를 바라보았다
and she struggled so that she might escape
그 여자는 도망치려고 몸부림을 쳤다
But he held her tightly to him
하지만 그는 그녀를 꼭 끌어안았다
and he did not allow her to depart
그는 그 여자가 떠나는 것을 허락하지 않았다
She wept when she saw she couldn't escape
그녀는 도망칠 수 없다는 것을 알고 눈물을 흘렸다
"I pray thee, let me go"
"내가 당신께 비옵나니 나를 보내 주소서"
"I am the only daughter of a King"
"나는 왕의 외동딸이다"
"please, my father is aged and alone"
"제발, 아버지는 늙으시고 혼자이십니다"
But the young Fisherman would not let her go
그러나 젊은 어부는 그녀를 놓아 주지 않았다
"I will not let thee go unless you make me a promise"

"네가 내게 약속하지 않으면 너를 보내지 않겠다"
"whenever I call thee thou wilt come and sing to me"
"내가 너를 부를 때마다 너는 내게 와서 노래하리라"
"because your song delights the fishes"
"주의 노래가 물고기를 기쁘게 하기 때문입니다"
"they come to listen to the song of the Sea-folk"
"그들은 바다 사람들의 노래를 들으러 온다"
"and then my nets shall be full"
"그리하면 내 그물이 가득 차리라"
the little mermaid saw that she had no choice
인어공주는 선택의 여지가 없다는 것을 알았습니다
"Would thou truly let me go if I promise this?"
"내가 이것을 약속한다면 당신은 정말로 나를 놓아 주시겠습니까?"
"In very truth I will let thee go," he premised
"진실로 내가 너를 놓아 주리라."
So she made him the promise he desired
그래서 그녀는 그가 원하는 약속을 했습니다
and she swore to do it by the oath of the Sea-folk
그리고 그녀는 바다 사람들의 맹세로 그렇게 하겠다고 맹세했다
the young Fisherman loosened his arms from the mermaid
젊은 어부는 인어에게서 팔을 뗐다
the little mermaid sank back down into the water
인어공주는 다시 물속으로 가라앉았다
and she trembled with a strange kind of fear
그리고 그녀는 이상한 종류의 두려움에 몸을 떨었다

Every evening the young Fisherman went out upon the sea
매일 저녁 젊은 어부는 바다로 나갔다
and every evening he called out to the mermaid
그리고 매일 저녁 그는 인어를 불렀다
the mermaid rose out of the water and sang to him
인어는 물에서 올라와 그에게 노래를 불렀습니다
Round and round her swam the dolphins
빙글빙글 돌고래를 헤엄쳤다
and the wild gulls flew above her head
야생 갈매기들이 그녀의 머리 위로 날아다녔다

she sang a marvellous song of the Sea-folk
그녀는 바다 사람들의 놀라운 노래를 불렀다
mermen who drive their flocks from cave to cave
양떼를 동굴에서 동굴로 몰고 다니는 인어
mermen who carry the little calves on their shoulders
작은 송아지를 어깨에 메고 다니는 인어
she sang of the Tritons who have long green beards
그녀는 길고 푸른 수염을 가진 트리톤에 대해 노래했다
and she sang of the Triton's hairy chests
그리고 그녀는 트리톤의 털이 무성한 가슴을 노래했다
they blow through twisted conchs when the King passes
그들은 왕이 지나갈 때 뒤틀린 소라를 불어 넣습니다
she sang of the palace of the King
그녀는 왕의 궁전을 노래했다
the palace which is made entirely of amber
전체가 호박으로 만들어진 궁전
the palace has a roof of clear emerald
궁전에는 맑은 에메랄드 빛의 지붕이 있습니다
and it has a pavement of bright pearl
그리고 그것은 밝은 진주로 포장되어 있습니다
and she sang of the gardens of the sea
그리고 그녀는 바다의 정원을 노래했다
gardens where great fans of coral wave all day long
산호의 열렬한 팬들이 하루 종일 물결치는 정원
and fish dart about like silver birds
물고기는 은빛 새처럼 날아다닌다
and the anemones cling to the rocks
말미잘이 바위에 달라붙는다
She sang of the big whales that come from the north
그녀는 북쪽에서 오는 큰 고래에 대해 노래했습니다
they have sharp icicles hanging from their fins
지느러미에 날카로운 고드름이 매달려 있습니다
she sang of the Sirens who tell of wonderful things
그녀는 놀라운 일들을 이야기하는 사이렌에 대해 노래했습니다
so wonderful that merchants block their ears with wax
너무 멋져서 상인들은 왁스로 귀를 막습니다.
they block their ears so that they can not hear them

그들은 그들의 귀를 막아서 듣지 못하게 한다
because if they heard them they would leap into the water
그 소리를 들으면 물속으로 뛰어들 것이기 때문입니다
and they would be drowned in the sea
그들은 바다에 빠져 죽을 것이다
she sang of the sunken galleys with their tall masts
그녀는 높은 돛대가 달린 침몰한 갤리선에 대해 노래했다
she sang of the frozen sailors clinging to the rigging
그녀는 꽁꽁 얼어붙은 선원들이 장비에 매달리는 모습을 노래했다
she sang the mackerel swimming through shipwrecks
그녀는 난파선 속을 헤엄치는 고등어를 불렀습니다
she sang of the little barnacles travelling the world
그녀는 세계를 여행하는 작은 따개비에 대해 노래했습니다
the barnacles cling to the keels of the ships
따개비는 배의 용골에 달라 붙습니다
and the ships go round and round the world
그리고 배는 세계를 빙글빙글 돌고 있습니다
and she sang of the cuttlefish in the sides of the cliffs
그리고 그녀는 절벽 옆에서 오징어에 대해 노래했다
and they stretch out their long black arms
그리고 그들은 길고 검은 팔을 뻗는다
they can make night come when they will it
그들은 그들이 원할 때 밤을 오게 할 수 있습니다
She sang of the nautilus, who has a boat of her own
그녀는 자신의 배를 가지고 있는 앵무조개에 대해 노래했다
a boat that is carved out of an opal
단백석으로 조각되는 배
and the boat is steered with a silken sail
배는 비단 돛으로 조종된다
she sang of the happy Mermen who play upon harps
그녀는 하프를 연주하는 행복한 인어에 대해 노래했습니다
they can charm the great Kraken to sleep
그들은 위대한 크라켄을 잠들게 할 수 있습니다
she sang of the little children riding the porpoises
그녀는 돌고래를 타고 있는 어린아이들에 대해 노래했다
the little children laugh as the ride the porpoises

어린아이들은 돌고래를 타고 웃는다
she sang of the Mermaids who lie in the white foam
그녀는 하얀 거품 속에 누워 있는 인어들을 노래했다
and they hold out their arms to the mariners
그리고 그들은 뱃사람들에게 팔을 내밀고 있습니다
she sang of the sea-lions with their curved tusks
그녀는 구부러진 엄니를 가진 바다사자에 대해 노래했다
and she sang of the sea-horses with their floating manes
그리고 그녀는 갈기를 휘날리며 해마를 노래했다
When she sang the fishes came from the sea
그녀가 노래를 부르자 물고기들이 바다에서 올라왔다
the fish came to listen to her
물고기는 그녀의 말을 들으러 왔습니다
the young Fisherman threw his nets round them
젊은 어부는 그물을 던졌다
and he caught as many fish as he needed
그리고 그는 필요한 만큼 많은 물고기를 잡았습니다

when his boat was full the Mermaid sunk back down
배가 가득 찼을 때 인어는 다시 가라앉았습니다
she went back down into the sea smiling at him
그녀는 그를 향해 미소를 지으며 다시 바다로 내려갔다
She never got close enough for him to touch her
그녀는 그가 그녀를 만질 수 있을 만큼 가까이 다가가지 않았다
Often times he called to the little mermaid
그는 종종 인어공주를 불렀다
and he begged to her to come closer to him
그리고 그는 그녀에게 자기에게 더 가까이 오라고 간청했다
but she dared not come closer to him
그러나 그녀는 감히 그에게 가까이 다가갈 수 없었다
when he tried to catch her she dived into the water
그가 그녀를 잡으려고 했을 때, 그녀는 물속으로 뛰어들었다
just like when a seal dives into the sea
바다표범이 바다로 뛰어드는 것처럼
and he wouldn't see her again that day
그리고 그는 그날 그녀를 다시 볼 수 없었다

each day her voice became sweeter to his ears
날이 갈수록 그녀의 목소리는 그의 귀에 더 감미로워졌다
Her voice so sweet that he forgot his nets
그녀의 목소리가 너무 감미로워서 그는 그물을 잊어버렸다
and he forgot his cunning and his craft
그리고 그는 자신의 교활함과 기술을 잊어버렸다
The tuna went past him in large shoals
참치가 큰 떼를 지어 그를 지나쳐 갔다
but he didn't pay any attention to them
그러나 그는 그들에게 전혀 주의를 기울이지 않았다
His spear lay by his side, unused
그의 창은 사용하지 않은 채 그의 곁에 놓여 있었다
and his baskets of plaited osier were empty
엮은 오시에가 담긴 바구니는 텅 비어 있었다
With lips parted, he sat idle in his boat
그는 입술을 쩍 벌리고 배 안에서 멍하니 앉아 있었다
he listened to the songs of the mermaid
그는 인어의 노래를 들었다
and his eyes were dim with wonder
그의 눈은 놀라움으로 어두워졌다
he listened till the sea-mists crept round him
그는 바다 안개가 자신을 둘러쌀 때까지 귀를 기울였다
the wandering moon stained his brown limbs with silver
떠도는 달이 그의 갈색 팔다리를 은빛으로 물들였다

One evening he called to the mermaid
어느 날 저녁, 그는 인어를 불렀다
"Little Mermaid, I love thee," he professed
"인어공주, 사랑해요." 그는 고백했다
"Take me for thy bridegroom, for I love thee"
"내가 너를 사랑하니 나를 네 신랑으로 삼으라"
But the mermaid shook her head
하지만 인어는 고개를 저었다
"Thou hast a human Soul," she answered
"그대는 인간의 영혼을 가졌구나." 그녀가 대답했다
"If only thou would send away thy Soul"
"네가 네 영혼을 보내려 한다면"

"if thy sent thy Soul away I could love thee"
"그대가 그대의 영혼을 떠나보냈다면 나는 그대를 사랑할 수 있었을 것이다"
And the young Fisherman said to himself
그러자 젊은 어부는 혼잣말을 했다
"of what use is my Soul to me?"
"내 영혼이 내게 무슨 소용이 있겠느냐?"
"I cannot see my Soul"
"나는 내 영혼을 볼 수 없다"
"I cannot touch my Soul"
"나는 내 영혼을 만질 수 없다"
"I do not know my Soul"
"나는 내 영혼을 알지 못하나이다"
"I will send my Soul away from me"
"내가 내 영혼을 내게서 보내리라"
"and much gladness shall be mine"
"그리하면 많은 즐거움이 나의 것이 되리라"
And a cry of joy broke from his lips
그러자 그의 입술에서 기쁨의 외침이 터져 나왔다
he held out his arms to the Mermaid
그는 인어에게 팔을 내밀었다
"I will send my Soul away," he cried
"내 영혼을 보내겠다"고 그는 울부짖었다
"you shall be my bride, and I will be thy bridegroom"
"너는 나의 신부가 되고 나는 너의 신랑이 되리라"
"in the depth of the sea we will dwell together"
"깊은 바다에서 우리가 함께 거하리라"
"all that thou hast sung of thou shalt show me"
"네가 노래한 모든 것을 내게 보여 주리라"
"and all that thou desirest I will do for you"
"네가 원하는 모든 것을 내가 너를 위하여 행하리라"
"our lives will not be divided no longer"
"우리의 삶은 더 이상 나뉘지 않을 것입니다"
the little Mermaid laughed, full of delight
인어공주는 기쁨에 넘쳐 웃었다
and she hid her face in her hands
그리고 두 손으로 얼굴을 감췄다

but the Fisherman didn't know how to send his Soul away
하지만 어부는 자신의 영혼을 어떻게 보내야 할지 몰랐다
"how shall I send my Soul from me?"
"내가 어찌 내 영혼을 내게서 보내리이까?"
"Tell me how I can do it"
"어떻게 하면 되는지 말해줘"
"tell me how and it shall be done"
"어떻게 이루어 지리라 내게 말하라"
"Alas! I know not" said the little Mermaid
"아아! 나도 몰라." 인어공주가 말했다
"the Sea-folk have no Souls"
"바다 사람들은 영혼이 없다"
And she sank down into the sea
그리고 그녀는 바다로 가라앉았다
and she looked up at him wistfully
그리고 그녀는 씁쓸한 눈빛으로 그를 올려다보았다

The Priest
사제

Early on the next morning
이튿날 아침 일찍
before the sun was above the hills
태양이 언덕 위에 있기 전에
the young Fisherman went to the house of the Priest
젊은 어부는 사제의 집으로 갔다
he knocked three times at the Priest's door
그는 사제의 문을 세 번 두드렸다
The Priest looked out through the door
사제는 문틈으로 밖을 내다보았다
when he saw who it was he drew back the latch
그는 그것이 누구인지 알고는 걸쇠를 뒤로 당겼다
and he welcomed the young Fisherman into his house
그는 그 젊은 어부를 자기 집으로 맞아들였다
he knelt down on the sweet-smelling rushes of the floor
그는 달콤한 냄새가 나는 바닥을 향해 무릎을 꿇었다
and he cried to the Priest, "Father"
그리고 그는 사제에게 "아버지"라고 부르짖었다
"I am in love with one of the Sea-folk"
"나는 바다 사람들 중 한 명과 사랑에 빠졌습니다"
"and my Soul hindereth me from having my desire"
"내 영혼이 내 소원을 이루지 못하게 방해하는도다"
"Tell me, how I can send my Soul away from me?"
"말해 보아라, 내가 어떻게 내 영혼을 내게서 멀리 보낼 수 있겠느냐?"
"I truly have no need of it"
"나는 정말로 그것을 필요로 하지 않습니다"
"of what use is my Soul to me?"
"내 영혼이 내게 무슨 소용이 있겠느냐?"
"I cannot see my Soul"
"나는 내 영혼을 볼 수 없다"
"I cannot touch my Soul"
"나는 내 영혼을 만질 수 없다"
"I do not know my Soul"

"나는 내 영혼을 알지 못하나이다"
And the Priest beat his chest
그러자 사제는 가슴을 쳤다
and he answered, "thou art mad"
그가 대답하되 네가 미쳤도다
"perhaps you have eaten poisonous herbs!"
"어쩌면 독초가 든 약초를 먹었을지도 몰라요!"
"the Soul is the noblest part of man"
"영혼은 인간의 가장 고귀한 부분이다"
"and the Soul was given to us by God"
"영혼은 하나님에 의해 우리에게 주어졌느니라"
"so that we nobly use our Soul"
"그리하여 우리의 영혼을 고귀하게 사용하도록"
"There is no thing more precious than a human Soul"
"인간의 영혼보다 더 소중한 것은 없다"
"It is worth all the gold that is in the world"
"그것은 세상에 있는 모든 금의 가치가 있다"
"it is more precious than the rubies of the kings"
"그것은 왕들의 홍옥보다 더 귀하다"
"Think not any more of this matter, my son"
"내 아들아, 이 일에 대해 더 이상 생각하지 말라"
"because it is a sin that may not be forgiven"
"용서받을 수 없는 죄이기 때문에"
"And as for the Sea-folk, they are lost"
"그리고 바다 사람들은 길을 잃었습니다"
"and those who live with them are also lost"
"그들과 함께 사는 자들도 잃어버렸느니라"
"They are like the beasts of the field"
"그들은 들의 짐승과 같도다"
"the beasts that don't know good from evil"
"선악을 분별하지 못하는 짐승들"
"the Lord has not died for their sake"
"주께서 그들을 위하여 죽으신 것이 아니니라"

he heard the bitter words of the Priest
그는 사제의 쓰디쓴 말을 들었다
the young Fisherman's eyes filled with tears

젊은 어부의 눈에 눈물이 가득 고였다
he rose up from his knees and spoke, "Father"
그는 무릎을 꿇고 일어나 "아버지" 하고 말하였다
"the fauns live in the forest, and they are glad"
"동물들은 숲에 살고, 그들은 기뻐한다"
"on the rocks sit the Mermen with their harps of gold"
"바위 위에는 인어가 금으로 된 거문고를 들고 앉아 있다"
"Let me be as they are, I beseech thee"
"나를 있는 그대로 있게 하소서, 당신께 간청하나이다"
"their days are like the days of flowers"
"그들의 날은 꽃의 날과 같다"
"And, as for my Soul," the young Fisherman continued
"그리고, 내 영혼도 마찬가지야." 젊은 어부가 말을 이었다
what doth my Soul profit me?"
내 영혼이 내게 무슨 유익이 있겠느냐?"
"how is it good if it stands between what I love?"
"내가 사랑하는 것 사이에 있으면 어떻게 좋을까?"
"The love of the body is vile" cried the Priest
"육신에 대한 사랑은 사악하다." 사제가 외쳤다
"and vile and evil are the pagan things"
"비열하고 악한 것은 이교도의 것들이니라"
"Accursed be the fauns of the woodland"
"숲의 동물들은 저주를 받을지어다"
"and accursed be the singers of the sea!"
"바다의 노래하는 자들은 저주를 받을지어다!"
"I have heard them at night-time"
"나는 밤에 그 소리를 들었다"
"they have tried to lure me from my bible"
"그들은 성서에서 나를 꾀어 빼내려고 하였습니다"
"They tap at the window, and laugh"
"그들은 창문을 두드리며 웃는다"
"They whisper into my ears at night"
"그들은 밤에 내 귀에 속삭인다"
"they tell me tales of their perilous joys"
"그들은 자기들의 위험한 기쁨에 대한 이야기를 내게 들려 줍니다"
"They try to tempt me with temptations"

"그들은 유혹으로 나를 유혹하려 하느니라"
"and when I try to pray they mock me"
"내가 기도하려고 하면 그들이 나를 조롱하느니라"
"The mer-folk are lost, I tell thee"
"인어족은 길을 잃었다, 내가 그대에게 말한다"
"For them there is no heaven, nor hell"
"그들에게는 천국도 없고 지옥도 없느니라"
"and they shall never praise God's name"
"그들은 결코 하느님의 이름을 찬양하지 못하리라"
"Father," cried the young Fisherman
"아버지," 젊은 어부가 소리쳤다
"thou knowest not what thou sayest"
"네가 말하는 것을 네가 알지 못하는도다"
"Once in my net I snared the daughter of a King"
"한 번은 내 그물에 걸려 왕의 딸을 올무에 걸쳤다"
"She is fairer than the morning star"
"그는 새벽 별보다 더 아름답다"
"and she is whiter than the moon"
"달보다 더 희도다"
"For her body I would give my Soul"
"그 몸을 위하여 내 영혼을 주겠다"
"and for her love I would surrender heaven"
"그녀의 사랑을 위해 나는 하늘을 포기하리라"
"Tell me what I ask of thee"
"내가 네게 구하는 것을 내게 말하라"
"Father I implore thee, let me go in peace"
"아버지께 간청하오니 평안히 가게 하소서"
"Get away from me! Away!" cried the Priest
"내게서 물러가라! 저리 가!" 사제가 소리쳤다
"thy lover is lost, and thou shalt be lost with her"
"네 연인을 잃었으니 너도 그녀와 함께 잃으리라"
the Priest gave him no blessing
사제는 그에게 아무런 축복도 주지 않았다
and he drove him from his door
그리고 그는 그를 자기 집에서 쫓아냈다

the young Fisherman went down into the market-place
젊은 어부는 시장으로 내려갔다
he walked slowly with his head bowed
그는 고개를 푹 숙인 채 천천히 걸었다
he walked like one who is in sorrow
그는 슬픔에 잠긴 사람처럼 걸었다
the merchants saw the young Fisherman coming
상인들은 젊은 어부가 오는 것을 보았습니다
and the merchants whispered to each other
상인들은 서로 속삭였다
one of the merchants came forth to meet him
상인 중 한 사람이 그를 맞으러 나왔다
and he called him by his name
그리고 그는 그의 이름을 불렀다
"What hast thou to sell?" he asked him
"네가 무엇을 팔아야 하느냐?" 그가 물었다
"I will sell thee my Soul," he answered
"내 영혼을 네게 팔겠다"고 그는 대답했다
"I pray thee buy my Soul off me"
"내 영혼을 내게서 사시옵소서"
"because I am weary of it"
"내가 지쳤기 때문에"
"of what use is my Soul to me?"
"내 영혼이 내게 무슨 소용이 있겠느냐?"
"I cannot see my Soul"
"나는 내 영혼을 볼 수 없다"
"I cannot touch my Soul"
"나는 내 영혼을 만질 수 없다"
"I do not know my Soul"
"나는 내 영혼을 알지 못하나이다"
But the merchants only mocked him
그러나 상인들은 그를 조롱할 뿐이었다
"Of what use is a man's Soul to us?"
"사람의 영혼이 우리에게 무슨 소용이 있겠는가?"
"It is not worth a piece of silver"
"그것은 은 한 닢의 가치도 없다"
"Sell us thy body for slavery"

"당신의 몸을 노예로 삼기 위해 우리에게 팔아주십시오"
"and we will clothe thee in sea-purple"
"우리가 너를 자주색 바다로 입히리라"
"and we'll put a ring upon thy finger"
"우리가 네 손가락에 반지를 끼워주리라"
"and we'll make thee the minion of the great Queen"
"그리고 우리는 너를 위대한 여왕의 하수인으로 만들 것이다"
"but don't talk of the Soul to us"
"그러나 우리에게 영혼에 대해 말하지 마십시오"
"because for us a Soul is of no use"
"우리에게는 영혼이 아무 소용이 없기 때문입니다"
And the young Fisherman thought to himself
그러자 젊은 어부는 속으로 생각했다
"How strange a thing this is!"
"정말 이상한 일이야!"
"The Priest told me the value of the Soul"
"사제는 나에게 영혼의 가치를 말해 주었다"
"the Soul is worth all the gold in the world"
"영혼은 세상의 모든 금보다 가치가 있다"
"but the merchants say a different thing"
"그러나 상인들은 다른 것을 말한다"
"the Soul is not worth a piece of silver"
"영혼은 은 한 닢의 가치도 없다"
And he went out of the market-place
그리고 그는 시장을 나갔다
and he went down to the shore of the sea
그리고 바닷가로 내려가셨다
and he began to ponder on what he should do
그리고 그는 자신이 무엇을 해야 할지 깊이 생각하기 시작했다

The Witch
마녀

At noon he remembered one of his friends
정오가 되자 그는 친구 한 명을 떠올렸다
his friend was a gatherer of samphire
그의 친구는 삼파이어를 모으는 사람이었다
he had told him of a young Witch
그는 그에게 젊은 마녀에 대해 이야기했었다
this young Witch dwelt in a nearby cave
이 젊은 마녀는 근처 동굴에 살았습니다
and she was very cunning in her Witcheries
그리고 그녀는 그녀의 마술에서 매우 교활했습니다
the young Fisherman stood up and ran to the cave
젊은 어부는 일어서서 동굴로 달려갔다

By the itching of her palm she knew he was coming
손바닥이 가려워서 그녀는 그가 오고 있다는 것을 알았다
and she laughed, and let down her red hair
그리고 그녀는 웃으면서 빨간 머리를 내렸다
She stood at the opening of the cave
그녀는 동굴 입구에 섰다
her long red hair flowed around her
그녀의 길고 빨간 머리카락이 그녀 주위를 휘감았다
and in her hand she had a spray of wild hemlock
그리고 그녀의 손에는 야생 독수리가 뿌려져 있었다
"What do you lack?" she asked, as he came
"무엇이 부족하니?" 그가 다가오자 그녀가 물었다
he was panting when got to her
그는 그녀에게 도착했을 때 헐떡이고 있었다
and he bent down before her
그리고 그는 그녀 앞에 몸을 굽혔다
"Do you want fish for when there is no wind?"
"바람이 없을 때 물고기를 먹을래?"
"I have a little reed-pipe"
"나는 작은 갈대 파이프를 가지고 있습니다."
"when I blow it the mullet come into the bay"

"내가 그것을 불면 숭어가 만으로 들어온다"
"But it has a price, pretty boy"
"하지만 대가가 있잖아, 예쁜 애야"
"What do you lack?"
"무엇이 부족합니까?"

"Do you want a storm to wreck the ships?"
"폭풍이 배를 난파시키길 원하십니까?"
"It will wash the chests of rich treasure ashore"
"그것은 풍성한 보물의 궤짝을 해변으로 씻어 줄 것이다"
"I have more storms than the wind"
"내게는 바람보다 폭풍이 더 많다"
"I serve one who is stronger than the wind"
"나는 바람보다 강한 자를 섬긴다"
"I can send the great galleys to the bottom of the sea"
"나는 거대한 갤리선을 바다 밑바닥으로 보낼 수 있다"
"with a sieve and a pail of water"
"체와 물통으로"
"But I have a price, pretty boy"
"하지만 나에겐 대가가 있어, 예쁜 애야"
"What do you lack?"
"무엇이 부족합니까?"

"I know a flower that grows in the valley"
"나는 골짜기에서 자라는 꽃을 안다"
"no one knows of this flower, but I"
"아무도 이 꽃을 모르지만, 나는"
"this secret flower has purple leaves"
"이 비밀의 꽃은 보라색 잎을 가지고 있습니다"
"and in the heart of the flower is a star"
"꽃의 중심에는 별이 있다"
"and its juice is as white as milk"
"그 즙은 우유처럼 희다"
"touch the lips of the Queen with it"
"그것으로 여왕의 입술을 만지십시오"
"and she will follow thee all over the world"

"온 세상으로 너를 따르리라"
"Out of the bed of the King she would rise"
"그 여자는 왕의 침상에서 일어나리라"
"and over the whole world she would follow thee"
"온 세상 두루 다니며 너를 따르리라"
"But it has a price, pretty boy"
"하지만 대가가 있잖아, 예쁜 애야"
"What do you lack?"
"무엇이 부족합니까?"

"I can pound a toad in a mortar"
"절구에 두꺼비를 두드릴 수 있어요"
"and I can make broth of the toad"
「두꺼비의 육수를 만들 수 있다」
"stir the broth with a dead man's hand"
"죽은 사람의 손으로 국물을 저어라"
"Sprinkle it on thine enemy while he sleeps"
"네 원수가 자는 동안에 뿌려라"
"and he will turn into a black viper"
"그는 검은 독사로 변할 것이다"
"and his own mother will slay him"
"그의 어머니가 그를 죽일 것이다"
"With a wheel I can draw the Moon from heaven"
"바퀴로 하늘에서 달을 그릴 수 있다"
"and in a crystal I can show thee Death"
"수정으로 그대에게 죽음을 보여줄 수 있도다"
"What do you lack?"
"무엇이 부족합니까?"
"Tell me thy desire and I will give it to you"
"네 소원을 내게 말하라 그리하면 내가 네게 주리라"
"and thou shalt pay me a price, pretty boy"
"예쁜 아이야, 너는 내게 대가를 치르게 될 것이다"

"My desire is but for a little thing"
"나의 소원은 단지 작은 것에 관한 것이니라"
"yet the Priest was angry with me"
"그러나 제사장은 내게 화가 났더라"

"and he chased me away in anger"
"그가 화가 나서 나를 쫓아냈더라"
"My wish is but for a little thing"
"내 소원은 작은 것에 불과하다"
"yet the merchants have mocked me"
"그러나 상인들이 나를 조롱하였도다"
"and they denied me my wish"
"그들이 내 소원을 거절하였더라"
"Therefore have I come to thee"
"그러므로 내가 네게 왔나이다"
"I came although men call thee evil"
"사람들이 너를 악하다고 할 때에도 내가 왔노라"
"but whatever thy price is I shall pay it"
"그러나 네 값이 무엇이든지 내가 갚으리라"
"What would'st thou?" asked the Witch
"넌 뭘 원하지?" 마녀가 물었다
and she came near to the Fisherman
그 여자는 어부에게 가까이 왔다
"I wish to send my Soul away from me"
"나는 내 영혼을 내게서 떠나보내고 싶다"
The Witch grew pale, and shuddered
마녀는 창백해지더니 몸을 떨었다
and she hid her face in her blue mantle
그리고 푸른 망토로 얼굴을 감췄다
"Pretty boy, that is a terrible thing to do"
"예쁜 아이야, 그건 끔찍한 일이야"
He tossed his brown curls and laughed
그는 갈색 곱슬머리를 흩날리며 웃었다
"My Soul is nought to me" he answered
"내 영혼은 내게 아무 것도 없느니라" 그가 대답하였다
"I cannot see my Soul"
"나는 내 영혼을 볼 수 없다"
"I cannot touch my Soul"
"나는 내 영혼을 만질 수 없다"
"I do not know my Soul"
"나는 내 영혼을 알지 못하나이다"
the young Witch saw an opportunity

젊은 마녀는 기회를 엿보았다
"What would thou give me if I tell thee?"
"내가 네게 말하면 너는 내게 무엇을 주겠느냐?"
and she looked down at him with her beautiful eyes
그리고 그녀는 아름다운 눈으로 그를 내려다보았다
"I will give thee five pieces of gold" he said
"금 다섯 닢을 네게 주겠다"
"and I will give thee my nets for fishing"
"내가 고기잡이 그물을 네게 주리라"
"and I will give thee the house where I live"
"내가 사는 집을 네게 주리라"
"and you can have my boat"
"그리고 당신은 내 배를 가질 수 있습니다"
"I will give thee all that I possess"
"내가 가진 모든 것을 네게 주리라"
"Tell me how to get rid of my Soul"
"내 영혼을 없애는 방법을 말해줘"
She laughed mockingly at him
그녀는 그를 조롱하듯 웃었다
and she struck him with the spray of hemlock
그리고 그 여자는 독수리의 물보라로 그를 쳤다
"I can turn the autumn leaves into gold"
"단풍을 황금으로 바꿀 수 있다"
"and I can weave the pale moonbeams into silver"
"창백한 달빛을 은으로 엮을 수 있다"
"He whom I serve is richer than all kings"
"내가 섬기는 이는 모든 왕보다 더 부유하니라"
"thy price be neither gold nor silver," he confirmed
"네 값은 금이나 은이 되지 아니하리라"고 그는 확언했다
"What then shall I give thee if?"
"그런즉 내가 네게 무엇을 주리이까?"
"The Witch stroked his hair with her thin white hand"
"마녀는 가늘고 하얀 손으로 그의 머리를 쓰다듬었다"
"Thou must dance with me, pretty boy," she murmured
"넌 나랑 춤을 춰야 해, 예쁜 애야." 그녀가 중얼거렸다
and she smiled at him as she spoke
그리고 그녀는 그에게 미소를 지으며 말했다

"Nothing but that?" cried the young Fisherman
"그것 말고는 아무것도 없다고?" 젊은 어부가 소리쳤다
and he wondered why she didn't ask for more
그리고 그는 왜 그녀가 더 많은 것을 요구하지 않는지 궁금했다
"Nothing but that" she answered
"그것 말고는 아무것도 없어요." 그녀가 대답했다
and she smiled at him again
그리고 그녀는 다시 그를 향해 미소를 지었다
"Then at sunset we shall dance together"
"해질녘에 함께 춤을 추자"
"And after we have danced thou shalt tell me"
"우리가 춤을 춘 후에 너는 내게 말할지니라"
"The thing which I desire to know"
「내가 알고자 하는 것」
the young Witch shook her head
젊은 마녀는 고개를 저었다
"When the moon is full" she muttered
"보름달이 뜰 때." 그녀가 중얼거렸다
Then she peered all round, and listened
그러고는 주위를 두리번거리며 귀를 기울였다
A blue bird rose screaming from its nest
둥지에서 비명을 지르는 파랑새 장미
and the blue bird circled over the dunes
파랑새는 모래 언덕 위를 맴돌았다
and three spotted birds rustled in the grass
점박이 새 세 마리가 풀밭에서 바스락거렸다
and the birds whistled to each other
새들이 서로 휘파람을 불자
There was no other sound except for the sound of a wave
파도 소리 외에는 다른 소리가 나지 않았다
the wave was crushing pebbles
파도가 조약돌을 부수고 있었다
So she reached out her hand
그래서 그녀는 손을 내밀었다
and she drew him near to her
그러자 그 여자는 그를 자기에게 가까이 끌어당겼다
and she put her dry lips close to his ear

그리고 그녀는 마른 입술을 그의 귀에 가까이 가져다 댔다
"Tonight thou must come to the top of the mountain"
"오늘 밤 너는 반드시 산 꼭대기에 올라야 하느니라"
"It is a Sabbath, and He will be there"
"오늘은 안식일이니, 그가 거기 계실 것이다"
The young Fisherman was startled by what she said
젊은 어부는 그녀의 말에 깜짝 놀랐습니다
she showed him her white teeth and laughed
그녀는 그에게 하얀 이빨을 보여주며 웃었다
"Who is He of whom thou speakest?"
"네가 말하는 자가 누구냐?"
"It matters not," she answered
"상관없어요." 그녀가 대답했다
"Go there tonight," she told him
"오늘 밤 거기 가세요." 그녀가 말했다
"wait for me under the branches of the hornbeam"
"서어나무 가지 아래에서 나를 기다려라"
"If a black dog runs towards thee don't panic"
"검은 개가 너를 향해 달려와도 당황하지 마라"
"strike the dog with willow and it will go away"
"버드나무로 개를 치라 그리하면 없어지리라"
"If an owl speaks to thee don't answer it"
"올빼미가 네게 말하거든 대답하지 마라"
"When the moon is full I shall be with thee"
"보름달이 뜰 때에 내가 너와 함께 있으리라"
"and we will dance together on the grass"
"풀밭에서 함께 춤을 추리라"
the young Fisherman agreed to do as she said
젊은 어부는 그녀가 말한 대로 하겠다고 했다
"But do you swear to tell me how to send my Soul away?"
"하지만 내 영혼을 어떻게 보낼지 내게 맹세할 수 있겠느냐?"
She moved out into the sunlight
그녀는 햇빛 속으로 나갔다
and the wind rippled through her red hair
바람이 그녀의 붉은 머리카락 사이로 파문을 일으켰다
"By the hoofs of the goat I swear it"
"염소 발굽으로 맹세하노라"

"Thou art the best of the Witches" cried the young Fisherman
"그대는 마녀들 중 최고다." 젊은 어부가 소리쳤다
"and I will surely dance with thee tonight"
"내가 오늘 밤 반드시 너와 함께 춤을 추리라"
"I would have preferred it if you had asked for gold"
"네가 금을 요구했더라면 더 좋았을 텐데"
"But if this is thy price I shall pay it"
"그러나 이것이 네 대가라면, 내가 갚으리라"
"because it is but a little thing"
"그것은 작은 것에 불과하기 때문에"
He doffed his cap to her and bent his head low
그는 모자를 벗어 그녀에게 넘기고 고개를 숙였다
and he ran back to town with joy in his heart
그는 마음속으로 기뻐하며 마을로 달려갔다
And the Witch watched him as he went
그리고 마녀는 그가 가는 것을 지켜보았다
when he had passed from her sight she entered her cave
그가 그녀의 시야에서 사라졌을 때, 그녀는 동굴로 들어갔다
she took out a mirror from a box
그녀는 상자에서 거울을 꺼냈다
and she set up the mirror on a frame
그리고 그녀는 액자에 거울을 세웠다
She burned vervain on lighted charcoal before the mirror
그녀는 거울 앞에서 불을 붙인 숯불에 버뱅을 태웠다
and she peered through the coils of the smoke
그리고 그녀는 연기의 똬리를 들여다보았다
after a time she clenched her hands in anger
잠시 후 그녀는 화가 나서 두 손을 꽉 쥐었다
"He should have been mine," she muttered
"내 것이었어야 했어." 그녀가 중얼거렸다
"I am as beautiful as she is"
"나도 그녀처럼 아름다워"

When the moon had risen he left his hut
달이 떴을 때, 그는 오두막을 나섰다
the young Fisherman climbed up to the top of the mountain
젊은 어부는 산 정상에 올랐습니다

and he stood under the branches of the hornbeam
그는 서어나무 가지 아래에 섰다
The sea lay at his feet like a disc of polished metal
바다는 광택이 나는 금속 원반처럼 그의 발밑에 놓여 있었다
the shadows of the fishing boats moved in the little bay
어선의 그림자가 작은 만에서 움직였다
A great owl with yellow eyes called him
노란 눈을 가진 큰 올빼미가 그를 불렀다
it called him by his name
그것은 그의 이름을 불렀다
but he made the owl no answer
그러나 그는 올빼미에게 아무 대답도 하지 않았다
A black dog ran towards him and snarled
검은 개 한 마리가 그를 향해 달려와 으르렁거렸다
but he did not panic when the dog came
그러나 그는 개가 왔을 때 당황하지 않았습니다
he struck the dog with a rod of willow
그는 버드나무 막대기로 개를 쳤다
and the dog went away, whining
그러자 개는 낑낑거리며 가버렸다

At midnight the Witches came flying through the air
한밤중에 마녀들이 하늘을 날았다
they were like bats flying in the air
그들은 마치 공중을 날아다니는 박쥐 같았다
"Phew!" they cried, as they landed on the ground
"휴!" 그들은 땅에 착지하며 소리쳤다
"there is someone here that we don't know!"
"여기 우리가 모르는 사람이 있어!"
and they sniffed around for the stranger
그리고 그들은 낯선 사람을 찾아 이리저리 킁킁거렸다
they chattered to each other and made signs
그들은 서로 수다를 떨며 수다를 떨었고 수화를 했다
Last of all came the young Witch
마지막으로 젊은 마녀가 나타났다
her red hair was streaming in the wind
그녀의 빨간 머리카락이 바람에 흩날리고 있었다

She wore a dress of gold tissue
그녀는 금색 티슈로 만든 드레스를 입고 있었다
and her dress was embroidered with peacocks' eyes
그리고 그녀의 드레스에는 공작새의 눈이 수놓아져 있었다
a little cap of green velvet was on her head
그녀의 머리에는 초록색 벨벳으로 만든 작은 모자가 씌워져 있었다
"Who is he?" shrieked the Witches when they saw her
"저 사람은 누구지?" 마녀들은 그녀를 보자 비명을 질렀다
but she only laughed, and ran to the hornbeam
그러나 그녀는 웃기만 하고 서어나무로 달려갔다
and she took the Fisherman by the hand
그리고 그녀는 어부의 손을 잡았다
she led him out into the moonlight
그녀는 그를 달빛 속으로 데리고 나갔다
and in the moonlight they began to dance
달빛 아래서 그들은 춤을 추기 시작하였다
Round and round they whirled in their dance
그들은 빙글빙글 돌며 춤을 추었다
she jumped higher and higher into the air
그녀는 점점 더 높이 공중으로 뛰어올랐다
he could see the scarlet heels of her shoes
그는 그녀의 신발의 진홍색 뒤꿈치를 볼 수 있었다
Then came the sound of the galloping of a horse
그때 말이 질주하는 소리가 들렸다
but there was no horse to be seen
그러나 볼 수 있는 말은 없었다
and he felt afraid, but he did not know why
그는 두려웠지만, 그 이유를 알지 못했다
"Faster," cried the Witch to him
"더 빨리." 마녀가 소리쳤다
and she threw her arms around his neck
그리고 그녀는 그의 목에 팔을 두르고 있었다
and her breath was hot upon his face
그녀의 숨결이 그의 얼굴에 뜨거웠다
"Faster, faster!" she cried again
"더 빨리, 더 빨리!" 그녀가 다시 외쳤다

the earth seemed to spin beneath his feet
발밑에서 땅이 빙글빙글 도는 것 같았다
and his thoughts grew more and more troubled
그의 생각은 점점 더 괴로워졌다
out of nowhere a great terror fell on him
난데없이 큰 공포가 그를 덮쳤다
he felt some evil thing was watching him
그는 어떤 사악한 것이 자신을 지켜보고 있다고 느꼈다
and at last he became aware of something
그리고 마침내 그는 뭔가를 깨닫게 되었다
under the shadow of a rock there was a figure
바위 그늘 아래에는 형체가 있었다
a figure that he had not been there before
전에 한 번도 가본 적 없는 모습이었다
It was a man dressed in a black velvet suit
검은 벨벳 양복을 입은 남자였다
it was styled in the Spanish fashion
그것은 스페인 패션으로 스타일링되었습니다
the strangers face was strangely pale
낯선 사람들의 얼굴은 이상하게 창백했다
but his lips were like a proud red flower
그러나 그의 입술은 자랑스러운 붉은 꽃 같았다
He seemed weary of what he was seeing
그는 자신이 보고 있는 것에 지쳐 있는 것 같았다
he was leaning back toying in a listless manner
그는 무기력하게 몸을 뒤로 젖히고 놀고 있었다
he was toying with the pommel of his dagger
그는 단검의 자루를 가지고 놀고 있었다
on the grass beside him lay a plumed hat
그의 옆 풀밭에는 깃털 달린 모자가 놓여 있었다
and there were a pair of riding gloves with gilt lace
그리고 금테 레이스가 달린 승마 장갑 한 켤레가있었습니다
they were sewn with seed-pearls
그들은 씨앗 진주로 꿰매어졌습니다
A short cloak lined with sables hung from his shoulder
검은 담비로 안감을 댄 짧은 망토가 그의 어깨에 매달려 있었다
and his delicate white hands were gemmed with rings

그의 섬세한 흰 손에는 반지가 박혀 있었다
Heavy eyelids drooped over his eyes
무거운 눈꺼풀이 눈 위로 처져 있었다
The young Fisherman watched the stranger
젊은 어부는 낯선 사람을 지켜보았다
just like when one is snared in a spell
마치 주문에 걸렸을 때처럼
At last the Fisherman's and the stranger's eyes met
마침내 어부와 낯선 이의 눈이 마주쳤다
wherever he danced the eyes seemed to be on him
그가 춤을 추는 곳마다 시선이 그에게 쏠리는 것 같았다
He heard the Witch laugh wildly
마녀가 사납게 웃는 소리가 들렸다
and he caught her by the waist
그리고 그는 그 여자의 허리를 붙잡았다
and he whirled her madly round and round
그리고 그는 그녀를 미친 듯이 빙글빙글 돌렸다
Suddenly a dog barked in the woods
갑자기 숲 속에서 개 한 마리가 짖었다
and all the dancers stopped dancing
그러자 모든 무용수들이 춤을 멈췄다
they knelt down and kissed the man's hands
그들은 무릎을 꿇고 그 남자의 손에 입을 맞췄다
As they did so a little smile touched his proud lips
그러자 그의 자랑스러운 입가에 작은 미소가 떠올랐다
like when a bird's wing touches the water
새의 날개가 물에 닿을 때처럼
and it makes the water laugh a little
그리고 그것은 물을 조금 웃게 만듭니다
But there was disdain in his smile
그러나 그의 미소에는 경멸이 담겨 있었다
He kept looking at the young Fisherman
그는 젊은 어부를 계속 쳐다보았다
"Come! let us worship" whispered the Witch
"이리 오너라! 경배합시다." 마녀가 속삭였다
and she led him up to the man
그 여자는 그를 그 남자에게로 데리고 갔다

a great desire to follow her seized him
그녀를 따르고자 하는 강한 욕망이 그를 사로잡았다
and he followed her to the man
그리고 그는 그 여자를 따라 그 남자에게로 갔다
But when he came close he made the sign of the Cross
그러나 가까이 오셨을 때, 그분은 십자가 표시를 하셨다
he did this without knowing why he did it
그는 자신이 왜 그랬는지도 모른 채 그렇게 했다
and he called upon the holy name
그리고 거룩한 이름을 불렀다
As soon as he did this the Witches screamed like hawks
그가 그렇게 하자마자 마녀들은 매처럼 비명을 질렀다
and all the Witches flew away like bats
모든 마녀들이 박쥐처럼 날아가 버렸다
the figure under the shadow tWitched with pain
그림자 아래 있는 형체는 고통에 휩싸였다
The man went over to a little wood and whistled
남자는 작은 나무로 가서 휘파람을 불었다
A horse with silver trappings came running to meet him
은으로 된 장식을 한 말 한 마리가 그를 맞으러 달려왔다
As he leapt upon the saddle he turned round
그는 안장에 올라타면서 몸을 돌렸다
and he looked at the young Fisherman sadly
그리고 그는 젊은 어부를 슬픈 눈으로 바라보았다
the Witch with the red hair also tried to fly away
빨간 머리의 마녀도 날아가려고 했다
but the Fisherman caught her by her wrists
그러나 어부는 그녀의 손목을 붙잡았다
and he kept hold of her tightly
그는 그 여자를 꽉 붙잡았다
"Let me loose!" she cried, "Let me go!"
"날 풀어 줘!" 그녀가 소리쳤다.
"thou hast named what should not be named"
"너는 이름을 붙이지 말아야 할 것을 명명하였느니라"
"and thou hast shown the sign that may not be looked at"
"네가 못할 표적을 보였도다"
"I will not let thee go till thou hast told me the secret"

"네가 내게 비밀을 말해 주기 전에는 내가 너를 보내지 아니하리라"
"What secret?" said the Witch
"무슨 비밀이요?" 마녀가 말했다
and she wrestled with him like a wild cat
그리고 그녀는 들고양이처럼 그와 씨름했다
and she bit her foam-flecked lips
그리고 그녀는 거품이 잔뜩 낀 입술을 깨물었다
"You know the secret," replied the Fisherman
"자네는 그 비밀을 알고 있구나." 어부가 대답했다
Her grass-green eyes grew dim with tears
그녀의 초록색 눈이 눈물로 흐려졌다
"Ask me anything but that!" she begged of the Fisherman
"그것 말고는 아무 것도 물어봐!" 그녀는 어부에게 애원했다
He laughed, and held her all the more tightly
그는 웃음을 터뜨렸고, 그녀를 더욱 꽉 끌어안았다
She saw that she could not free herself
그녀는 자신이 자유로워질 수 없다는 것을 알았다
when she realized this she whispered to him
이 사실을 깨달은 그녀는 그에게 속삭였다
"Surely I am as fair as the daughters of the sea"
"정녕 나는 바다의 딸들처럼 아름답도다"
"and I am as comely as those that dwell in the blue waters"
"나는 푸른 물속에 거하는 자들과 같이 아름답다"
and she fawned on him and put her face close to his
그러자 그녀는 그에게 아첨을 하며 그의 얼굴에 얼굴을 가까이 가져다 댔다
But he thrust her back and replied to her
그러나 그는 그녀를 밀치며 대답했다
"If thou don't keep your promise I will slay thee"
"네가 약속을 지키지 아니하면 내가 너를 죽이리라"
"I will slay thee for a false Witch"
"거짓 마녀 때문에 너를 죽여버리겠다"
She grew gas rey as a blossom of the Judas tree
그녀는 유다 나무의 꽃처럼 가스레이를 키웠다
and a strange shudder past through her body
그리고 그녀의 몸을 통해 이상한 떨림이 지나갔다

"if that is how you want it to be," she muttered
"네가 원하는 거라면," 그녀가 중얼거렸다
"It is thy Soul and not mine"
"그것은 네 영혼이요 내 영혼이 아니니라"
"Do with your Soul as thou wish"
"네 영혼으로 네 소원을 이루라"
And she took from her girdle a little knife
그리고 허리띠에서 작은 칼을 꺼냈다
the knife had a handle of green viper's skin
칼에는 녹색 독사의 가죽 손잡이가 달려 있었다
and she gave him this green little knife
그리고 그녀는 그에게 이 초록색 작은 칼을 주었다
"What shall I do with this?" he asked of her
"이걸로 뭘 해야 하지?" 그가 그녀에게 물었다
She was silent for a few moments
그녀는 잠시 침묵을 지켰다
a look of terror came over her face
그녀의 얼굴에 공포의 표정이 떠올랐다
Then she brushed her hair back from her forehead
그러고는 이마에서 머리카락을 뒤로 쓸어 넘겼다
and, smiling strangely, she spoke to him
그리고 그녀는 이상하게 미소를 지으며 그에게 말을 걸었다
"men call it the shadow of the body"
"사람들은 그것을 몸의 그림자라고 부른다"
"but it is not the shadow of the body"
"그러나 그것은 몸의 그림자가 아니니라"
"the shadow is the body of the Soul"
"그림자는 영혼의 몸이다"
"Stand on the sea-shore with thy back to the moon"
"달을 등지고 바닷가에 서라"
"cut away from around thy feet thy shadow"
"네 발에서 네 그림자를 잘라 버리라"
"the shadow, which is thy Soul's body"
"네 영혼의 몸인 그림자"
"and bid thy Soul to leave thee"
"네 영혼이 너를 떠나라고 명하리라"
"and thy Soul will leave thee"

"그리하면 네 영혼이 너를 떠나리라"
The young Fisherman trembled, "Is this true?"
젊은 어부는 "이게 사실인가요?" 하고 떨었다.
"what I have said is true," she answered him
"내가 말한 것은 사실입니다." 그녀가 대답했다
"and I wish that I had not told thee of it"
"내가 그 일을 네게 말하지 않았더라면 좋았을 텐데"
she cried, and clung to his knees weeping
그녀는 울부짖으며 그의 무릎을 꿇고 울었다
he moved her away from him in the tall grass
그는 그녀를 키 큰 풀밭에서 그에게서 떼어놓았다
and he placed the little green knife in his belt
그리고 그는 작은 초록색 칼을 허리띠에 꽂았다
then he went to the edge of the mountain
그런 다음 그는 산 가장자리로 갔다
from the edge of the mountain he began to climb down
그는 산기슭에서 내려오기 시작했다

The Soul
영혼

his Soul called out to him
그의 영혼이 그를 불렀다
"I have dwelt with thee for all these years"
"내가 이 모든 해 동안 너와 함께 살았노라"
"and I have been thy servant"
"내가 주의 종이 되었나이다"
"Don't send me away from thee"
"나를 당신에게서 떠나게 하지 마소서"
"what evil have I done thee?"
"내가 네게 무슨 악을 행하였느냐?"
And the young Fisherman laughed
그러자 젊은 어부는 웃었다
"Thou has done me no evil"
"주께서 내게 악을 행하지 아니하셨나이다"
"but I have no need of thee"
"그러나 내게는 네가 필요 없느니라"
"The world is wide"
"세상은 넓다"
"there is Heaven and Hell in this life"
"이생에는 천국과 지옥이 있다"
"and there a dim twilight between them"
"그들 사이에 희미한 황혼이 있도다"
"Go wherever thou wilt, but trouble me not"
"어디든지 가고자 하는 곳으로 가되 나를 괴롭히지 말라"
"because my love is calling to me"
"내 사랑이 나를 부르고 있기 때문에"
His Soul besought him piteously
그의 영혼이 그를 가엾게 간구하였다
but the young Fishmerman heeded it not
그러나 젊은 물고기 인어는 그 말에 귀를 기울이지 않았다
instead, he leapt from crag to crag
대신, 그는 바위에서 바위로 뛰어 올랐다
he moved as sure-footed as a wild goat
그는 들염소처럼 확신에 찬 발걸음으로 움직였다

and at last he reached the level ground
마침내 그는 평지에 이르렀다
and then he reached the yellow shore of the sea
그리고 그는 바다의 노란 해안에 이르렀다
He stood on the sand with his back to the moon
그는 달을 등지고 모래 위에 섰다
and out of the sea-foam came white arms
바다 거품에서 하얀 팔이 나왔다
the arms of the mermaid beckoned him to come
인어의 팔이 오라고 손짓했다
Before him lay his shadow; the body of his Soul
그의 앞에는 그의 그림자가 드리워져 있었다. 그의 영혼의 몸
behind him hung the moon, in honey-coloured air
그의 뒤에는 꿀빛 공중에 달이 걸려 있었다
And his Soul spoke to him again
그리고 그의 영혼이 다시 그에게 말했다
"thou hast decided to drive me away from thee"
"주께서 나를 내쫓으시기로 작정하셨나이다"
"but send me not forth without a heart"
"오직 마음 없이 나를 보내지 마옵소서"
"The world you are sending me to is cruel"
"당신이 나를 보내시는 세상은 잔인합니다"
"give me thy heart to take with me"
"네 마음을 내게 주어 가지고 가라"
He tossed his head and smiled
그는 고개를 갸우뚱거리며 미소를 지었다
"With what should I love if I gave thee my heart?"
"내가 너에게 내 마음을 주면 무엇으로 사랑하리이까?"
"Nay, but be merciful," said his Soul
"아니, 하지만 자비를 베풀어라." 그의 영혼이 말했다
"give me thy heart, for the world is very cruel"
"네 마음을 내게 주소서, 세상은 매우 잔인하니라"
"and I am afraid," begged his soul
"두렵구나." 그의 영혼이 애원했다
"My heart belongs my love," he answered
"내 마음은 내 사랑에 속해 있습니다." 그가 대답했다
"Should I not love also?" asked his Soul

"나도 사랑해야 하지 않겠느냐?" 그의 영혼이 물었다
but the fisherman didn't answer his soul
그러나 어부는 그의 영혼에 대답하지 않았습니다
"Get thee gone, for I have no need of thee"
"너를 떠나보내라, 나는 네가 필요 없으니"
and he took the little knife
그리고 그는 작은 칼을 집어 들었다
the knife with its handle of green viper's skin
녹색 독사의 가죽으로 만든 손잡이가 달린 칼
and he cut away his shadow from around his feet
그리고 그의 발 주위에서 그의 그림자를 잘라 버리셨다
and his shadow rose up and stood before him
그의 그림자가 일어나 그 앞에 섰다
his shadow was just like he was
그의 그림자는 그대로였다
and his shadow looked just like he did
그리고 그의 그림자는 그가 그랬던 것처럼 보였다
He crept back and put his knife into his belt
그는 살금살금 뒤로 물러나 허리띠에 칼을 꽂았다
A feeling of awe came over him
경외감이 그를 엄습했다
"Get thee gone," he murmured
"널 쫓아내라." 그가 중얼거렸다
"let me see thy face no more"
"다시는 네 얼굴을 못하게 하소서"
"Nay, but we must meet again," said the Soul
"아니, 하지만 우린 다시 만나야 해." 영혼이 말했다
His Soul's voice was low and like a flute
그의 영혼의 목소리는 낮고 피리 같았다
its lips hardly moved while it spoke
말을 하는 동안 입술은 거의 움직이지 않았다
"How shall we meet?" asked the young Fisherman
"어떻게 만나자?" 젊은 어부가 물었다
"Thou wilt not follow me into the depths of the sea?"
"네가 나를 따라 깊은 바다로 가지 아니하겠느냐?"
"Once every year I will come to this place"
"매년 한 번 나는 이 장소에 올 것이다."

"I will call to thee," said the Soul
"내가 너를 부르리라." 영혼이 말했다
"It may be that thou will have need of me"
"어쩌면 네가 나를 필요로 할지도 모르니"
the young Fishermam did not see a reason
젊은 어부는 이유를 찾지 못했다
"What need could I have of thee?"
"내가 너에게 무슨 필요가 있겠느냐?"
"but be it as thou wilt"
"오직 네 뜻대로 되기를 원하나이다"
he plunged into the deep dark waters
그는 깊고 어두운 물 속으로 뛰어들었다
and the Tritons blew their horns to welcome him
트리톤들은 뿔나팔을 불며 그를 환영했다
the little Mermaid rose up to meet her lover
인어공주는 연인을 만나기 위해 일어섰습니다
she put her arms around his neck
그녀는 그의 목에 팔을 두르고
and she kissed him on the mouth
그리고 그녀는 그의 입에 입을 맞추었다
His Soul stood on the lonely beach
그의 영혼은 외로운 해변에 서 있었다
his Soul watched them sink into the sea
그의 영혼은 그들이 바다로 가라앉는 것을 지켜보았다
then his Soul went weeping away over the marshes
그러자 그의 영혼은 늪지대 너머로 울며 사라졌다

After the First Year
첫해 이후

it had been one year since had he cast his soul away
그가 자신의 영혼을 버린 지 1년이 지났다
the Soul came back to the shore of the sea
영혼이 바닷가로 돌아왔다
and the Soul called to the young Fisherman
영혼이 젊은 어부를 불렀다
the young Fisherman rose back out of the sea
젊은 어부는 바다에서 다시 일어섰다
he asked his soul, "Why dost thou call me?"
그는 그의 영혼에게 물었다, "네가 어찌하여 나를 부르느냐?"
And the Soul answered, "Come nearer"
그러자 영혼이 대답했다, "가까이 오너라"
"come nearer, so that I may speak with thee"
"가까이 오라 그리하면 내가 너와 이야기할 수 있느니라"
"I have seen marvellous things"
"나는 놀라운 일들을 보았습니다"
So the young Fisherman came nearer to his soul
그래서 젊은 어부는 그의 영혼에 더 가까이 다가갔다
and he couched in the shallow water
그는 얕은 물속에 잠잠했다
and he leaned his head upon his hand
그리고 그는 자기 손에 머리를 기댔다
and he listened to his Soul
그리고 그는 그의 영혼에 귀를 기울였다
and his Soul spoke to him
그의 영혼이 그에게 말하였다

When I left thee I turned East
내가 너를 떠날 때 나는 동쪽으로 향했다
From the East cometh everything that is wise
지혜로운 모든 것은 동방에서 온다
For six days I journeyed eastwards
엿새 동안 나는 동쪽으로 여행하였다
on the morning of the seventh day I came to a hill

일곱째 날 아침에 나는 어느 언덕에 이르렀다
a hill that is in the country of the Tartars
타르타르의 나라에 있는 언덕
I sat down under the shade of a tamarisk tree
나는 타마리스크 나무 그늘 아래 앉았다
in order to shelter myself from the sun
태양으로부터 나 자신을 보호하기 위해
The land was dry and had burnt up from the heat
땅은 바싹 말라 있었고 더위로 인해 불에 탔다
The people went to and fro over the plain
사람들은 평원을 이리저리 오갔다
they were like flies crawling on polished copper
그들은 광택이 나는 구리 위를 기어 다니는 파리와 같았습니다
When it was noon a cloud of red dust rose
정오가 되자 붉은 먼지 구름이 피어올랐다
When the Tartars saw it they strung their bows
그것을 본 타르타르인들은 활을 쏘았다
and they leapt upon their little horses
그들은 자기들의 작은 말들 위로 뛰어올랐다
they galloped to meet the cloud of red dust
그들은 붉은 먼지 구름을 만나기 위해 질주했다
The women fled to the wagons, screamin
여자들은 비명을 지르며 마차로 도망쳤다
they hid themselves behind the felt curtains
그들은 펠트 커튼 뒤에 몸을 숨겼다
At twilight the Tartars returned to their camp
땅거미가 질 무렵 타르타르인들은 야영지로 돌아왔다
but five of them did not return
그러나 그들 중 다섯명은 돌아오지 않았다
many of them had been wounded
그들 중 많은 사람들이 부상을 입었다
They harnessed their horses to the wagons
그들은 마차에 말을 매달았습니다
and they drove away hastily
그들은 황급히 차를 몰고 떠났다
Three jackals came out of a cave and peered after them
자칼 세 마리가 동굴에서 나와 그들을 뒤쫓았다

the jackals sniffed the air with their nostrils
자칼은 콧구멍으로 공기를 킁킁거렸다
and they trotted off in the opposite direction
그리고 그들은 반대 방향으로 걸어갔다
When the moon rose I saw a camp-fire
달이 떴을 때 나는 모닥불을 보았다
and I went towards the fire in the distance
나는 멀리 있는 불을 향해 갔다
A company of merchants were seated round the fire
한 무리의 상인들이 모닥불 주위에 둘러앉아 있었다
the merchants were sitting on their carpets
상인들은 카펫 위에 앉아 있었다
Their camels were tied up behind them
그들의 낙타들은 그들 뒤에 묶여 있었다
and their servants were pitching tents in the sand
그들의 종들은 모래 위에 천막을 치고 있었다
As I came near them the chief rose up
내가 그들에게 가까이 다가가자 추장이 일어섰다
he drew his sword and asked me my intentions
그는 칼을 뽑아 들고는 내 의도를 물었다
I answered that I was a Prince in my own land
나는 내 나라의 왕자라고 대답했다
I said I had escaped from the Tartars
나는 타르타르에서 도망쳤다고 말했다
they had sought to make me their slave
그들은 나를 자기들의 노예로 삼으려고 하였다
The chief smiled and showed me five heads
촌장은 미소를 지으며 다섯 개의 머리를 보여주었다
the heads were fixed upon long reeds of bamboo
머리는 대나무로 만든 긴 갈대 위에 고정되어 있었다
Then he asked me who was the prophet of God
그런 다음 그는 누가 하나님의 선지자냐고 물었습니다
I answered him that it was, "Mohammed"
나는 "모하메드"라고 대답했다
He bowed and took me by the hand
그는 고개를 숙이고 내 손을 잡았다
and he let me sit by his side

그리고 그는 나를 자기 곁에 앉혔다
A servant brought me some mare's milk in a wooden-dish
하인이 나무 접시에 담긴 암말의 젖을 가져왔다
and he brought a piece of lamb's flesh
그리고 그는 어린 양의 고기 한 조각을 가져왔다
At daybreak we started on our journey
동이 틀 무렵 우리는 여행을 시작했다
I rode on a red-haired camel, by the side of the chief
나는 빨간 머리의 낙타를 타고 추장의 곁에서
a runner ran before us, carrying a spear
달리기 선수 한 명이 창을 들고 우리 앞으로 달려왔다
The men of war were on both sides of us
전쟁 병사들은 우리 양쪽에 있었다
and the mules followed with the merchandise
그리고 노새들이 상품들을 가지고 그 뒤를 따랐다
There were forty camels in the caravan
대상(隊商)에는 40마리의 낙타가 타고 있었다
and the mules were twice forty in number
노새는 두 배나 사십 명이었다

We went from the land of Tartars to the land of Gryphons
우리는 타르타르의 땅에서 그리폰의 땅으로 갔다
The folk of the Gryphons curse the Moon
그리폰의 부족이 달을 저주하다
We saw the Gryphons on the white rocks
우리는 흰 바위에서 그리폰을 보았다
they were guarding their gold treasure
그들은 보물 같은 금을 지키고 있었습니다
And we saw the scaled Dragons sleeping in their caves
그리고 우리는 비늘 달린 용들이 동굴에서 자고 있는 것을 보았다
As we passed over the mountains we held our breath
산을 넘으면서 우리는 숨을 죽였다
so that the snow would not fall on us
눈이 우리에게 내리지 않도록
and each man tied a veil over his eyes
그리고 저마다 자기 눈에 베일을 씌웠다

when we passed through the valleys of the Pygmies
우리가 피그미족의 계곡을 지날 때
and the Pygmies shot their arrows at us
피그미족은 우리에게 화살을 쏘았다
they shot from the hollows of the trees
그들은 나무의 움푹 파인 곳에서 총을 쐈다
at night we heard the wild men beat their drums
밤에는 야생인들이 북을 치는 소리가 들렸습니다
When we came to the Tower of Apes we offered fruits
우리가 원숭이의 탑에 왔을 때 우리는 과일을 바쳤습니다
and those inthe tower of the Apes did not harm us
원숭이의 탑에 있는 자들은 우리를 해치지 않았다
When we came to the Tower of Serpents we offered milk
우리가 뱀의 탑에 왔을 때 우리는 우유를 바쳤습니다
and those in the tower of the Serpents let us go past
뱀의 탑에 있는 자들은 지나가게 해
Three times in our journey we came to the banks of the Oxus
우리 여행에서 우리는 세 번이나 옥서스 강둑에 왔습니다
We crossed the river Oxus on rafts of wood
우리는 나무 뗏목을 타고 옥서스 강을 건넜습니다
The river horses raged and tried to slay us
강가의 말들은 사납게 난무하여 우리를 죽이려고 하였습니다
When the camels saw them they trembled
낙타들은 그들을 보고 떨었다
The kings of each city levied tolls on us
각 도시의 왕들은 우리에게 통행세를 부과했습니다
but they would not allow us to enter their gates
그러나 그들은 우리가 그들의 문에 들어가는 것을 허락하지 않았다
They threw bread over the walls to us
그들은 우리에게 성벽 너머로 빵을 던져 주었습니다
and they gave us little maize-cakes baked in honey
그리고 그들은 우리에게 꿀에 구운 작은 옥수수 케이크를 주었습니다
and cakes of fine flour filled with dates
그리고 대추야자로 속을 채운 고운 밀가루 케이크
For every hundred baskets we gave them a bead of amber

100광주리마다 호박 구슬을 주었다
When villagers saw us coming they poisoned the wells
마을 사람들은 우리가 오는 것을 보고 우물에 독을 탔습니다
and the villagers fled to the hill-summits
마을 사람들은 언덕 꼭대기로 도망쳤다
on our journey we fought with the Magadae
여정에서 우리는 마가대와 싸웠다
They are born old, and grow younger every year
그들은 늙고 매년 젊어집니다
they die when they are little children
그들은 어렸을 때 죽습니다
and on our journey we fought with the Laktroi
그리고 여정에서 우리는 락트로이와 싸웠다
they say that the Laktroi are the sons of tigers
그들은 락트로이족이 호랑이의 자식들이라고 말한다
and they paint themselves yellow and black
그리고 그들은 스스로를 노란색과 검은색으로 칠합니다
And on our journey we fought with the Aurantes
그리고 여정에서 우리는 오란테스와 싸웠다
they bury their dead on the tops of trees
그들은 죽은 자를 나무 꼭대기에 묻습니다
the Sun, who is their god, slays their buried
그들의 신인 태양이 묻힌 자들을 죽인다
so they live in dark caverns
그래서 그들은 어두운 동굴에서 산다
And on our journey we fought with the Krimnians
그리고 여정에서 우리는 크림니아인들과 싸웠다
the folk of the Krimnians worship a crocodile
크림니안 사람들은 악어를 숭배한다
they give the crocodile earrings of green glass
그들은 녹색 유리의 악어 귀걸이를 제공합니다
they feed the crocodile with butter and fresh fowls
그들은 악어에게 버터와 신선한 닭을 먹입니다
we fought with the Agazonbae, who are dog-faced
우리는 개 얼굴을 한 Agazonbae와 싸웠습니다
and we fought with the Sibans, who have horses' feet
우리는 말의 발을 가진 시바인들과 싸웠다

and they can run swifter than the fastest horses
그리고 그들은 가장 빠른 말보다 더 빨리 달릴 수 있습니다

A third of our army died in battle
우리 군대의 3분의 1이 전투에서 사망했습니다
a third of our army died from want of food
우리 군대의 3분의 1이 식량 부족으로 죽었다
The rest of our army murmured against me
나머지 병사들은 내게 투덜거렸다
they said that I had brought them an evil fortune
그들은 내가 그들에게 불운을 가져다 주었다고 말했다
I took an adder from beneath a stone
나는 돌 아래에서 애더를 가져 갔다
and I let the adder bite my hand
그리고 나는 가산기가 내 손을 물게 내버려 두었다
When they saw I did not sicken they grew afraid
그들은 내가 병들지 않는 것을 보고 두려워하였다
In the fourth month we reached the city of Illel
넷째 달에 우리는 '일렐' 시에 도착하였다
It was night time when we reached the city
우리가 도시에 도착했을 때는 밤이었다
we arrived at the grove outside the city walls
우리는 성벽 바깥에 있는 숲에 도착했다
the air in the city was sultry
도시의 공기는 무더웠다
because the Moon was travelling in Scorpion
달이 스콜피온을 타고 여행하고 있었기 때문입니다
We took the ripe pomegranates from the trees
우리는 나무에서 잘 익은 석류를 가져갔습니다
and we broke them, and drank their sweet juices
우리는 그것들을 깨뜨리고 그들의 달콤한 주스를 마셨다
Then we laid down on our carpets
그런 다음 우리는 카펫 위에 누웠다
and we waited for the dawn to come
그리고 우리는 동이 트기를 기다렸다
At dawn we rose and knocked at the gate of the city
새벽녘에 우리는 일어나 성문을 두드렸다

the gate was wrought out of red bronze
문은 붉은 청동으로 만들어졌습니다
and the gate had carvings of sea-dragons
그리고 문에는 해룡 조각이 있었다
The guards looked down from the battlements
경비병들은 흉벽에서 아래를 내려다보았다
and they asked us what our intentions were
그들은 우리의 의도가 무엇이냐고 물었습니다
The interpreter of the caravan answered
캐러밴의 통역관이 대답했다
we said we had come from the land of Syria
우리는 시리아 땅에서 왔다고 말했습니다
and we told him we had many merchandise
그리고 우리는 그에게 많은 상품을 가지고 있다고 말했습니다
They took some of us as hostages
그들은 우리 중 일부를 인질로 잡았습니다
and they told us they would open the gate at noon
그리고 그들은 정오에 문을 열 것이라고 말했습니다
when it was noon they opened the gate
정오가 되자 그들은 문을 열었다
when we entered the people came out of the houses
우리가 들어가자 사람들이 집에서 나왔다
they came in order to look at us
그들은 우리를 보러 왔습니다
and a town crier went around the city
그리고 마을의 울부짖는 사람이 도시를 돌아 다녔다
he made announcements of our arrival through a shell
그는 포탄을 통해 우리의 도착을 알렸다
We stood in the market-place of the medina
우리는 메디나의 시장에 섰다
and the servants uncorded the bales of cloths
하인들은 헝겊 가마니를 풀었다
they opened the carved chests of sycamore
그들은 플라타너스 나무로 조각된 상자를 열었다
Then merchants set forth their strange wares
그러자 상인들은 자기들의 이상한 물건들을 내놓았다
waxed linen from Egypt, painted linen from the Ethiops

이집트의 왁스 칠한 린넨, 에티오피아의 페인트 칠한 린넨
purple sponges from Tyre, cups of cold amber
티레의 보라색 스폰지, 차가운 호박색 컵
fine vessels of glass, and curious vessels of burnt clay
유리로 만든 고운 그릇과 불에 탄 진흙으로 만든 신기한 그릇
From the roof of a house a company of women watched us
한 무리의 여자들이 한 무리의 여자들이 집 지붕 위에서 우리를 지켜보고 있었습니다
One of them wore a mask of gilded leather
그들 중 한 명은 금박을 입힌 가죽으로 된 가면을 쓰고 있었다

on the first day the Priests came and bartered with us
첫날에 사제들이 와서 우리와 물물교환을 했다
On the second day the nobles came and bartered with us
둘째 날에는 귀족들이 와서 우리와 물물교환을 했습니다
on the third day the craftsmen came and bartered with us
사흘째 되던 날, 장인들이 와서 우리와 물물교환을 하였습니다
all of them brought their slaves to us
그들은 모두 노예를 우리에게 데려왔습니다
this is their custom with all merchants
이것은 모든 상인에 대한 그들의 관습입니다
we waited for the moon to come
우리는 달이 오기를 기다렸다
when the moon was waning I wandered away
달이 기울 때 나는 방황했다
I wondered through the streets of the city
나는 도시의 거리를 통해 궁금해했다
and I came to the garden of the city's God
나는 그 도시의 하나님의 동산에 이르렀다
The Priests in their yellow robes moved silently
노란 로브를 입은 사제들은 조용히 움직였다
they moved through the green trees
그들은 푸른 나무들 사이로 이동했다
There was a pavement of black marble
검은 대리석으로 된 포장도로가 있었다
and on this pavement stood a rose-red house
그리고 이 포장 도로에는 장미빛 붉은 집이 서 있었습니다

this was the house in which the God was dwelling
이 집은 신이 거하는 집이었다
its doors were of powdered lacquer
그 문은 가루 옻칠로 되어 있었다
and bulls and peacocks were wrought on the doors
황소와 공작새가 문에 그려져 있었다
and the doors were polished with gold
문은 금으로 닦았다
The tiled roof was of sea-green porcelain
기와 지붕은 바다색 도자기로 되어 있었다
and the jutting eaves were festooned with little bells
튀어나온 처마에는 작은 종들이 장식되어 있었다
When the white doves flew past they struck the bells
흰 비둘기들이 지나갈 때면 종을 쳤다
they struck the bells with their wings
그들은 날개로 종을 쳤다
and the doves made the bells tinkle
비둘기들이 종을 울리며
In front of the temple was a pool of clear water
성전 앞에는 맑은 물이 고인 웅덩이가 있었습니다
the pool was paved with veined onyx
수영장은 정맥이 있는 오닉스로 포장되어 있었습니다
I laid down beside the water of the pool
나는 연못의 물가에 누웠다
and with my pale fingers I touched the broad leaves
창백한 손가락으로 넓은 잎사귀를 만졌다
One of the Priests came towards me
사제 중 한 명이 내게 다가왔다
and the priest stood behind me
그러자 사제가 내 뒤에 섰다
He had sandals on his feet
그는 발에 샌들을 신고 있었다
one sandal was of soft serpent-skin
한 샌들은 부드러운 뱀 가죽으로 만들어졌다
and the other sandal was of birds' plumage
다른 샌들은 새의 깃털로 되어 있었다
On his head was a mitre of black felt

그의 머리에는 검은 펠트로 된 연귀가 있었다
and it was decorated with silver crescents
그리고 그것은 은색 초승달로 장식되었습니다
Seven kinds of yellow were woven into his robe
일곱 종류의 노란색이 그의 옷에 짜여져 있었다
and his frizzed hair was stained with antimony
곱슬곱슬한 머리칼은 안티몬으로 얼룩져 있었다

After a little while he spoke to me
잠시 후 그는 나에게 말했다
finally, he asked me my desire
마침내 그는 나에게 소원을 물었다
I told him that my desire was to see their god
나는 그들에게 그들의 신을 만나고 싶다고 말했다
He looked strangely at me with his small eyes
그는 작은 눈으로 나를 이상하게 쳐다보았다
"The god is hunting," said the Priest
"신은 사냥을 하고 있다." 사제가 말했다
I did not accept the answer of the priest
나는 사제의 대답을 받아들이지 않았다
"Tell me in what forest and I will ride with him"
"어느 숲에서 그와 함께 탈 것인지 말해 주라"
his finger nails were long and pointed
그의 손톱은 길고 뾰족했다
he combed out the soft fringes of his tunic
그는 튜닉의 부드러운 가장자리를 빗어냈다
"The god is asleep," he murmured
"신이 잠들어 있다." 그가 중얼거렸다
"Tell me on what couch, and I will watch over him"
"어떤 침상에 누워 있는지 말해 주면 내가 그를 지켜 주겠다"
"The god is at the feast" he cried
"신이 잔치에 있다." 그가 소리쳤다
"If the wine be sweet, I will drink it with him"
"포도주가 달거든 내가 그와 함께 마시리라"
"and if the wine be bitter, I will drink it with him also"
"포도주가 쓰면 나도 그와 함께 마시리라"
He bowed his head in wonder

그는 놀라움에 고개를 숙였다
then he took me by the hand
그러고는 내 손을 잡았다
and raised me up onto my feet
나를 일으켜 세우시고
and he led me into the temple
그리고 그는 나를 성전으로 인도했다

In the first chamber I saw an idol
첫 번째 방에서 나는 우상을 보았다
This idol was seated on a throne of jasper
이 우상은 벽옥의 왕좌에 앉아 있었다
the idol was bordered with great orient pearls
그 우상은 동양의 진주로 둘러싸여 있었다
and on its forehead was a great ruby
그 이마에는 큰 루비가 있었다
the idol was of a man, carved out of ebony
그 우상은 흑단을 깎아 만든 사람의 우상이었다
thick oil dripped from its hair to its thighs
머리카락에서 허벅지까지 걸쭉한 기름이 뚝뚝 떨어졌다
Its feet were red with the blood of a newly-slain lamb
그 발은 갓 죽은 어린 양의 피로 붉게 물들어 있었다
and its loins girt with a copper belt
그 허리에는 구리 띠를 띠고
copper that was studded with seven beryls
7개의 베릴이 아로새겨진 동
And I said to the Priest, "Is this the god?"
내가 사제에게 말하되 이분이 그 신이십니까
And he answered me, "This is the god"
그가 대답하되 이것이 신이니라
"Show me the god," I cried, "or I will slay thee"
"신을 내게 보여 주지 않으면 너를 죽이겠다"고 나는 외쳤다.
I touched his hand and it withered
나는 그의 손을 만졌고 그것은 시들어 버렸다
"Let my lord heal his servant," he begged me
"내 주께서 그의 종을 고쳐 주게 하소서"라고 그는 간청하였다
"heal his servant and I will show him the God"

"그의 종을 고쳐 주라 그리하면 내가 그에게 하나님을 보이리라"
So I breathed with my breath upon his hand
그래서 나는 그의 손에 숨을 불어넣었다
when I did this his hand became whole again
내가 이렇게 하자 그의 손이 다시 온전해졌다
and the priest trembled with fear
그러자 제사장은 두려움에 떨었다
Then he led me into the second chamber
그런 다음 그는 나를 두 번째 방으로 데리고 갔다
in this chamber I saw another idol
이 방에서 나는 또 다른 우상을 보았다
The idol was standing on a lotus of jade
그 우상은 옥으로 만든 연꽃 위에 서 있었다
the lotus hung with great emeralds
연꽃에는 거대한 에메랄드가 매달려 있었다
and the lotus was carved out of ivory
연꽃은 상아로 깎아 만들었다
its stature was twice the stature of a man
그 키는 남자의 두 배였다
On its forehead was a great chrysolite
그 이마에는 커다란 번데기가 있었다
its breasts were smeared with myrrh and cinnamon
그 가슴은 몰약과 계피로 발라져 있었다
In one hand it held a crooked sceptre of jade
한 손에는 비뚤어진 옥 홀이 들려 있었다
and in the other hand it held a round crystal
그리고 다른 손에는 둥근 수정이 들려 있었다
and its thick neck was circled with selenites
그 굵은 목에는 셀레나이트가 둥글게 둘러져 있었다
I asked the Priest, "Is this the god?"
나는 사제에게 "이 신이 맞습니까?" 하고 물었다.
he answered me, "This is the god"
그는 나에게 대답했다, "이것이 신이다"
"Show me the god," I cried, "or I will slay thee"
"신을 내게 보여 주지 않으면 너를 죽이겠다"고 나는 외쳤다.
And I touched his eyes and they became blind
내가 그의 눈을 만졌더니 눈이 멀었더라

And the Priest begged me for mercy
그러자 사제는 내게 자비를 구했다
"Let my lord heal his servant"
"내 주가 그 종을 고치게 하소서"
"heal me and I will show him the God"
"나를 고쳐 주라 그리하면 내가 그에게 하나님을 보이리라"
So I breathed with my breath upon his eyes
그래서 나는 그의 눈에 숨을 불어넣었다
and the sight came back to his eyes
그러자 그 광경이 그의 눈에 다시 떠올랐다
He trembled with fear again
그는 다시 두려움에 떨었다
and then he led me into the third chamber
그러고는 나를 세 번째 방으로 데리고 갔다

There was no idol in the third chamber
세 번째 방에는 우상이 없었다
there were no images of any kind
어떤 종류의 이미지도 없었습니다
all there was in the room was a mirror
방 안에는 거울 하나뿐이었다
the mirror was made of round metal
거울은 둥근 금속으로 만들어졌습니다
the mirror was set on an altar of stone
거울은 돌로 된 제단 위에 놓여 있었다
I said to the Priest, "Where is the god?"
나는 사제에게 "신은 어디 있습니까?" 하고 물었다.
he answered me, "There is no god but this mirror
그가 내게 대답하기를, "이 거울 외에는 신이 없느니라
because this is the Mirror of Wisdom
이것이 지혜의 거울이기 때문입니다
It reflects all things that are in heaven
그것은 하늘에 있는 모든 것을 반영합니다
and it reflects all things that are on earth
그리고 그것은 지상에 있는 모든 것을 반영합니다
except for the face of him who looketh into it
그것을 들여다보는 자의 얼굴 외에는

him who looketh into it it reflects not
그것을 들여다보는 자는 그것을 반영하지 아니하느니라
so he who looketh into the mirror will become wise
그러므로 거울을 들여다보는 자는 지혜롭게 되리라
there are many other mirrors in the world
세상에는 다른 많은 거울이 있습니다
but they are mirrors of opinion
그러나 그것들은 의견의 거울이다
This is the only mirror that shows Wisdom
이것은 지혜를 보여주는 유일한 거울입니다
those who possess this mirror know everything
이 거울을 가진 자는 모든 것을 안다
There isn't anything that is hidden from them
그들에게서 숨겨진 것은 없습니다
And those who don't possess the mirror don't have Wisdom
그리고 거울이 없는 사람은 지혜가 없습니다
Therefore this mirror is the God
그러므로 이 거울은 하나님이다
and that is why we worship this mirror
이것이 우리가 이 거울을 숭배하는 이유입니다
And I looked into the mirror
그리고 거울을 들여다보았다
and it was as he had said to me
그리고 그것은 그가 내게 말한 그대로였다

And then I did a strange thing
그리고 나는 이상한 일을 저질렀다
but what I did matters not
그러나 내가 한 일은 중요하지 않았다
There a valley that is but a day's journey from here
여기서 하루면 갈 수 있는 계곡이 있습니다
in this valley I have hidden the Mirror of Wisdom
이 골짜기에 나는 지혜의 거울을 숨겼다
Allow me to enter into thee again
내가 다시 당신 안으로 들어가게 하소서
accept me and thou shalt be wiser than all the wise men

나를 받아들이라 그리하면 너는 모든 지혜로운 자들보다 더
지혜로워지리라
let me enter into thee and none will be as wise as thou
내가 당신 안으로 들어가게 하소서, 그리하면 당신처럼
지혜로운 자가 없으리이다
But the young Fisherman laughed
하지만 젊은 어부는 웃었다
"Love is better than Wisdom"
"사랑이 지혜보다 낫다"
"The little Mermaid loves me"
"인어공주는 나를 사랑해"
"But there is nothing better than Wisdom" said the Soul
"하지만 지혜보다 더 좋은 것은 없다." 영혼이 말했다
"Love is better," answered the young Fisherman
"사랑이 더 낫습니다." 젊은 어부가 대답했다
and he plunged into the deep sea
그리고 그는 깊은 바다로 뛰어들었다
and the Soul went weeping away over the marshes
영혼은 늪지대 너머로 울며 사라졌다

After the Second Year
2년차 이후

it had been two years since he had cast his soul away
그가 자신의 영혼을 버린 지 2년이 지났을 때였다
the Soul came back to the shore of the sea
영혼이 바닷가로 돌아왔다
and the Soul called to the young Fisherman
영혼이 젊은 어부를 불렀다
the young Fisherman rose back out of the sea
젊은 어부는 바다에서 다시 일어섰다
he asked his soul, "Why dost thou call me?"
그는 그의 영혼에게 물었다, "네가 어찌하여 나를 부르느냐?"
And the Soul answered, "Come nearer"
그러자 영혼이 대답했다, "가까이 오너라"
"come nearer, so that I may speak with thee"
"가까이 오라 그리하면 내가 너와 이야기할 수 있느니라"
"I have seen marvellous things"
"나는 놀라운 일들을 보았습니다"
So the young Fisherman came nearer to his soul
그래서 젊은 어부는 그의 영혼에 더 가까이 다가갔다
and he couched in the shallow water
그는 얕은 물속에 잠잠했다
and he leaned his head upon his hand
그리고 그는 자기 손에 머리를 기댔다
and he listened to his Soul
그리고 그는 그의 영혼에 귀를 기울였다
and his Soul spoke to him
그의 영혼이 그에게 말하였다

When I left thee I turned my face to the South
내가 너를 떠날 때 나는 내 얼굴을 남쪽으로 돌렸다
From the South cometh everything that is precious
귀한 모든 것이 남쪽에서 온다
Six days I journeyed along the dusty paths
엿새 동안 나는 먼지투성이의 길을 따라 여행했다
and the paths led to the city of Ashter

그 길은 아슈테르 시로 이어졌다
ways by which the pilgrims are wont to go
순례자들이 가는 길들
on the morning of the seventh day I lifted up my eyes
일곱째 날 아침에 나는 눈을 들어 보았다
and lo! the city of Ashter lay at my feet
그리고 보라! 아슈테르 시가 내 발밑에 놓여 있었다
because the city of Ashter is in a valley
아슈테르 시가 골짜기에 있기 때문입니다
There are nine gates around this city
이 도시에는 9개의 문이 있습니다
in front of each gate stands a bronze horse
각 문 앞에는 청동 말이 서 있습니다
the horses neigh when the Bedouins come from the mountains
베두인족이 산에서 내려올 때 말들이 울부짖는다
The walls of the city are cased with copper
도시의 벽은 구리로 덮여 있습니다
the watch-towers on the walls are roofed with brass
벽의 망루는 놋쇠로 지붕을 씌웠습니다
In every tower along the wall stands an archer
성벽을 따라 있는 모든 탑에는 궁수가 서 있습니다
and each archer has a bow in his hand
그리고 각 궁수는 손에 활을 가지고 있습니다
At sunrise he strikes a gong with an arrow
해가 뜰 때 그는 화살로 징을 친다
and at sunset he blows through a horn
해질녘에 뿔나팔을 불고
when I sought to enter the guards stopped me
내가 들어가려고 하자 경비병들이 나를 막아섰다
and the guards asked of me who I was
그러자 경비병들은 내게 누구냐고 물었다
I made answer that I was a Dervish
나는 내가 데르비시라고 대답했다
I said I was on my way to the city of Mecca
나는 메카 시로 가는 중이라고 말했다
in Mecca there was a green veil

메카에는 녹색 베일이 있었다
the Koran was embroidered with silver letters on it
코란 위에는 은색 글자가 수놓아져 있었다
it was embroidered by the hands of the angels
그것은 천사들의 손에 의해 수놓아졌다
the guards were filled with wonder at what I told them
경비병들은 내가 한 말에 놀라움으로 가득 찼다
and they entreated me to enter the city
그들은 나에게 그 도시로 들어가라고 간청하였다
Inside the city there was a bazaar
도시 안에는 시장이 있었다
Surely thou should'st have been with me
정녕 그대는 나와 함께 있었어야 했느뇨
in the narrow streets the happy paper lanterns flutter
좁은 골목길에 행복한 등불이 펄럭인다
they flutter like large butterflies
그들은 큰 나비처럼 날갯짓을 한다
When the wind blows they rise and fall like bubbles
바람이 불면 거품처럼 오르락내리락한다
In front of their booths sit the merchants
그들의 부스 앞에는 상인들이 앉아 있습니다
every merchant sits on their silken carpets
모든 상인들은 비단 카펫 위에 앉습니다
They have long straight black beards
그들은 길고 곧은 검은 수염을 가지고 있습니다
and their turbans are covered with golden sequins
그들의 터번은 황금 스팽글로 덮여 있습니다
they hold strings of amber and carved peach-stones
그들은 호박과 조각된 복숭아 돌로 된 끈을 들고 있습니다
and they glide them through their cool fingers
그리고 그들은 시원한 손가락 사이로 그것들을 미끄러지듯 움직입니다
Some of them sell galbanum and nard
그들 중 일부는 갈바넘과 나드를 판매합니다
some sell perfumes from the islands of the Indian Sea
일부는 인도해의 섬에서 생산된 향수를 판매합니다
and they sell the thick oil of red roses and myrrh

그들은 붉은 장미와 몰약의 진한 기름을 판다
and they sell little nail-shaped cloves
그리고 그들은 작은 손톱 모양의 정향을 판매합니다
When one stops to speak to them they light frankincense
누군가 그들에게 말을 걸기 위해 멈추면 그들은 유향에 불을 붙인다
they throw pinches of it upon a charcoal brazier
그들은 그것을 숯불 화로에 꼬집습니다
and it makes the air sweet
그리고 그것은 공기를 달콤하게 만듭니다
I saw a Syrian who held a thin rod
나는 가느다란 막대기를 들고 있는 한 시리아인을 보았다
grey threads of smoke came from the rod
막대에서 회색 연기가 뿜어져 나왔다
and its odour was like the odour of the pink almonds
그리고 그 냄새는 핑크 아몬드의 냄새와 같았습니다
Others sell silver bracelets embossed with turquoise stones
다른 사람들은 청록색 돌이 양각으로 새겨진 은팔찌를 판매합니다
and anklets of brass wire fringed with little pearls
그리고 작은 진주로 장식된 황동 철사로 된 발찌
and tigers' claws set in gold
금으로 장식된 호랑이의 발톱
and the claws of that gilt cat
그리고 그 금테 고양이의 발톱
the the claws of leopards, also set in gold
표범의 발톱, 역시 금으로 세팅
and earrings of pierced emerald
그리고 피어싱 에메랄드 귀걸이
and finger-rings of hollowed jade
속이 빈 옥으로 만든 손가락 반지
From the tea-houses came the sound of the guitar
찻집에서 기타 소리가 들려왔다
and the opium-smokers were in the tea-houses
그리고 아편을 피우는 사람들은 찻집에 있었다
their white smiling faces look out at the passers-by
하얗게 웃는 얼굴이 지나가는 사람들을 바라보고 있다

thou truly should'st have been with me
그대는 진실로 나와 함께 있었어야 했다
The wine-sellers elbow their way through the crowd
포도주를 파는 사람들이 군중을 뚫고 나아갑니다
with great black skins on their shoulders
어깨에 검은 피부를 두르고
Most of them sell the wine of Schiraz
그들 대부분은 Schiraz의 와인을 판매합니다
the wine of Schiraz is as sweet as honey
쉬라즈의 와인은 꿀처럼 달콤하다
They serve it in little metal cups
그들은 그것을 작은 금속 컵에 담아 제공합니다
In the market-place stand the fruit sellers
시장에는 과일을 파는 사람들이 서 있다
the fruit sellers sell all kinds of fruit
과일 판매자는 모든 종류의 과일을 판매합니다
ripe figs, with their bruised purple flesh
잘 익은 무화과, 상처 입은 자주색 과육
melons, smelling of musk and yellow as topazes
멜론, 사향 냄새와 토파즈처럼 노란 냄새
citrons and rose-apples and clusters of white grapes
유자와 장미 사과와 백포도 송이
round red-gold oranges and oval lemons of green gold
라운드 레드 골드 오렌지와 그린 골드의 타원형 레몬
Once I saw an elephant go by the fruit sellers
한번은 코끼리 한 마리가 과일 장수들 옆을 지나가는 것을 보았습니다
Its trunk was painted with vermilion and turmeric
몸통은 주홍색과 강황으로 칠해져 있었다
and over its ears it had a net of crimson silk cord
그 귀에는 진홍색 비단 끈으로 된 그물이 있었다
It stopped opposite one of the booths
그것은 부스 중 하나의 맞은편에 멈춰 섰다
and the elephant began eating the oranges
그러자 코끼리는 오렌지를 먹기 시작했어요
instead of getting angry, the man only laughed
남자는 화를 내기는커녕 그저 웃기만 했다

Thou canst not think how strange a people they are
그대는 그들이 얼마나 이상한 사람들인지 생각할 수 없다
When they are glad they go to the bird-sellers
그들은 기쁠 때 새를 파는 사람들에게 간다
they go to them to buy a caged bird
그들은 새장에 갇힌 새를 사기 위해 그들에게갑니다
and they set the bird free to increase their joy
그리고 그들은 기쁨을 증가시키기 위해 새를 풀어 놓았습니다
and when they are sad they scourge themselves with thorns
슬플 때는 가시로 스스로를 채찍질한다
so that their sorrow may not grow less
그리하여 그들의 슬픔이 줄어들지 않게 하소서

One evening I met some slaves
어느 날 저녁, 나는 노예 몇 명을 만났다
they were carrying a heavy palanquin through the bazaar
그들은 무거운 가마를 짊어지고 시장을 통과하고 있었다
It was made of gilded bamboo
그것은 금박을 입힌 대나무로 만들어졌습니다
and the poles were of vermilion lacquer
장대는 주홍색 옻칠로 되어 있었다
it was studded with brass peacocks
놋쇠로 만든 공작새가 박혀 있었다
Across the windows hung thin curtains
창문 너머에는 얇은 커튼이 드리워져 있었다
the curtains were embroidered with beetles' wings
커튼에는 딱정벌레의 날개가 수놓아져 있었다
and they were lined with tiny seed-pearls
그리고 그것들은 작은 씨앗 진주들로 늘어서 있었다
and as it passed by a pale-faced Circassian smiled at me
그리고 그것이 지나갈 때 창백한 얼굴의 체르케스인이 나를 향해 미소를 지었다
I followed behind bearers of the palanquin
나는 가마를 든 사람들의 뒤를 따랐다
and the slaves hurried their steps and scowled
그러자 노예들은 발걸음을 재촉하며 얼굴을 찌푸렸다
But I did not care if they scowled

하지만 나는 그들이 얼굴을 찌푸려도 상관하지 않았다
I felt a great curiosity come over me
나는 큰 호기심이 나를 덮치는 것을 느꼈다
At last they stopped at a square white house
마침내 그들은 네모난 하얀 집에 멈춰 섰다
There were no windows to the house
집에는 창문이 없었습니다
all the house had was a little door
그 집에는 작은 문밖에 없었습니다
and the door was like the door of a tomb
그 문은 무덤의 문과 같았다
They set down the palanquin at the house
그들은 가마를 그 집에 내려놓았다
and they knocked three times with a copper hammer
그들은 구리 망치로 세 번 두드렸다
An Armenian in a green leather caftan peered through the wicket
초록색 가죽 카프탄을 입은 아르메니아인이 개찰구 안을 들여다보았다
and when he saw them he opened the door
그분은 그들을 보시고 문을 열셨다
he spread a carpet on the ground and the woman stepped out
그는 바닥에 카펫을 깔았고 여자는 밖으로 나왔다
As she went in she turned round and smiled at me again
그녀가 들어갔을 때 그녀는 돌아서서 다시 나에게 미소를 지었다
I had never seen anyone so pale
나는 그렇게 창백한 사람을 본 적이 없었다
When the moon rose I returned to the same place
달이 떴을 때 나는 같은 장소로 돌아왔다
and I sought for the house, but it was no longer there
내가 그 집을 찾았으나 그 집은 더 이상 그곳에 없었다
When I saw that I knew who the woman was
그걸 보고 그 여자가 누군지 알았어요
and I knew why she had smiled at me
그리고 나는 그녀가 왜 나에게 미소를 지었는지 알았다

Certainly, thou should'st have been with me
분명 그대는 나와 함께 있었어야 했지요

There was a feast of the New Moon
월삭 축제가 있었습니다
the young Emperor came forth from his palace
젊은 황제가 궁전에서 나왔다
and he went into the mosque to pray
그리고 그는 기도하기 위해 모스크로 들어갔다
His hair and beard were dyed with rose-leaves
그의 머리카락과 턱수염은 장미 잎으로 염색되어 있었다
and his cheeks were powdered with a fine gold dust
그의 뺨은 고운 금가루로 가루를 뿌렸다
The palms of his feet and hands were yellow with saffron
그의 발과 손바닥은 사프란으로 노랗게 물들어 있었다
At sunrise he went forth from his palace
해가 뜰 때 그는 궁전에서 나왔다
he was dressed in a robe of silver
그분은 은으로 된 옷을 입고 계셨다
and at sunset he returned again
해가 질 무렵에 그는 다시 돌아왔다
then he was dressed in a robe of gold
그런 다음 그는 금옷을 입고 있었다
The people flung themselves on the ground
사람들은 땅바닥에 엎드렸다
they hid their faces, but I would not do so
그들은 얼굴을 가렸지만, 나는 그렇게 하지 않았다
I stood by the stall of a seller of dates and waited
나는 대추야자 파는 가게 옆에 서서 기다렸다
When the Emperor saw me he raised his painted eyebrows
황제는 나를 보자 칠한 눈썹을 치켜올렸다
and he stopped to observe me
그리고 그는 멈춰 서서 나를 관찰했다
I stood quite still and made him no obeisance
나는 가만히 서서 그에게 경배하지 않았다
The people marvelled at my boldness
사람들은 나의 담대함에 놀랐다

they counselled me to flee from the city
그들은 나에게 그 도시에서 도망하라고 충고하였다
but I paid no heed to their warnings
그러나 나는 그들의 경고에 주의를 기울이지 않았다
instead, I went and sat with the sellers of strange gods
그 대신, 나는 이상한 신들을 파는 자들과 함께 앉아서
by reason of their craft they are abominated
그들의 술수 때문에 그들은 혐오스럽다
When I told them what I had done each of them gave me an idol
내가 그들에게 내가 한 일을 말하자 그들은 모두 나에게 우상을 주었다
and they prayed me to leave them
그리고 그들은 내게 그들을 떠나게 해달라고 기도했다

That night I was in the Street of Pomegranates
그날 밤 나는 석류 거리에 있었다
I was in a tea-house and I laid on a cushion
나는 찻집에 있었고 나는 방석에 누웠다
the guards of the Emperor entered and led me to the palace
황제의 호위병들이 들어와 나를 궁전으로 안내했다
As I went in they closed each door behind me
내가 들어갔을 때 그들은 내 뒤에서 모든 문을 닫았다
and they put a chain across each door
그들은 문마다 쇠사슬을 걸었다
Inside the palace there was a great courtyard
궁전 안에는 큰 안뜰이 있었습니다
The walls of the courtyard were of white alabaster
안뜰의 벽은 흰 설화석고로 되어 있었다
the alabaster was decorated with blue and green tiles
설화 석고는 파란색과 녹색 타일로 장식되었습니다
and the pillars were of green marble
기둥은 녹색 대리석으로 되어 있었다
and the pavement was of peach-blossom marble
포장도로는 복숭아꽃 대리석으로 되어 있었다
I had never seen anything like it before
나는 전에 그런 것을 본 적이 없었다

As I passed the courtyard two veiled women were on a balcony
내가 안뜰을 지날 때 베일을 쓴 두 여자가 발코니에 있었다
they looked down from their balcony and cursed me
그들은 발코니에서 아래를 내려다보며 욕설을 퍼부었습니다
The guards hastened on through the courtyard
경비병들은 서둘러 안뜰을 통과했다
the butts of the lances rang upon the polished floor
창꽁초가 광택이 나는 바닥을 울렸다
They opened a gate of wrought ivory
그들은 가공한 상아로 만든 문을 열었다
I found myself in a watered garden of seven terraces
나는 일곱 개의 테라스가 있는 물이 있는 정원에 있는 나 자신을 발견했다
The garden was planted with tulip-cups and moon-flowers
정원에는 튤립 컵과 달꽃이 심어져 있었습니다
a fountain hung in the dusky air like a slim reed of crystal
분수가 가느다란 수정 갈대처럼 어스름한 공기 속에 매달려 있었다
The cypress-trees were like burnt-out torches
사이프러스 나무는 타버린 횃불 같았다
From one of the trees a nightingale was singing
한 나무에서 나이팅게일이 노래를 부르고 있었다
At the end of the garden stood a little pavilion
정원 끝에는 작은 정자가 서 있었다
while we approached the pavilion two eunuchs came out
우리가 누각에 다가가자 두 명의 환관이 나왔다
Their fat bodies swayed as they walked
그들의 뚱뚱한 몸은 걸을 때마다 흔들렸다
and they glanced curiously at me
그리고 그들은 호기심 어린 눈길로 나를 쳐다보았다
One of them drew aside the captain of the guard
그들 중 한 명이 경비대장을 옆으로 끌어당겼다
and in a low voice the eunuch whispered to him
내시가 낮은 목소리로 그에게 속삭였다
The other kept munching scented pastilles
다른 한 명은 향긋한 파스틸을 계속 우적우적 씹고 있었다

these he took out of an oval box of lilac enamel
그는 라일락 에나멜로 된 타원형 상자에서 이것들을 꺼냈다
soon after the captain of the guard dismissed the soldiers
얼마 지나지 않아 경비대장이 병사들을 해산시켰다
The soldiers went back to the palace
병사들은 궁전으로 돌아갔다
the eunuchs followed behind the guards, but slowly
환관들은 경비병들의 뒤를 따랐지만, 천천히였다
and they plucked the sweet mulberries from the trees
그들은 나무에서 달콤한 뽕나무를 따 먹었다
at one time the older eunuch turned round
한번은 나이 든 내시가 돌아섰다
and he smiled at me with an evil smile
그리고 그는 사악한 미소를 지으며 나를 향해 미소를 지었다
Then the captain of the guards motioned me forwards
그러자 경비대장이 나를 앞으로 내보냈다
I walked to the entrance without trembling
나는 떨리지 않고 입구로 걸어갔다
I drew the heavy curtain aside, and entered
나는 무거운 커튼을 걷어내고 안으로 들어갔다
The young Emperor was stretched on a couch
젊은 황제는 소파에 몸을 뻗고 있었다
the couch was covered in dyed lion skins
소파는 염색한 사자 가죽으로 덮여 있었다
and a falcon was perched upon his wrist
그리고 매가 그의 손목에 앉아 있었다
Behind him stood a brass-turbaned Nubian
그의 뒤에는 놋쇠 터번을 두른 누비아인이 서 있었다
he was naked down to the waist
그는 허리까지 벌거벗은 상태였다
he had heavy earrings in his split ears
갈라진 귀에는 무거운 귀걸이가 걸려 있었다
On a table by the side lay a mighty scimitar of steel
옆 탁자 위에는 거대한 강철 시미터가 놓여 있었다
When the Emperor saw me he frowned
황제는 나를 보자 눈살을 찌푸렸다
he asked me, "What is thy name?"

그는 나에게 "네 이름이 무엇이냐?" 하고 물었다.
"Knowest thou not that I am Emperor of this city?"
"너는 내가 이 도시의 황제인 줄을 알지 못하느냐?"
But I made him no answer to his question
그러나 나는 그의 질문에 아무런 대답도 하지 않았다
He pointed with his finger at the scimitar
그는 손가락으로 시미터를 가리켰다
the Nubian seized the scimitar, ready to fight
누비아는 싸울 준비가 된 시미터를 탈취했다
rushing forward he struck at me with great violence
그는 앞으로 돌진하여 나를 몹시 난폭하게 때렸다
The blade whizzed through me and did me no hurt
칼날이 내 몸 속을 스쳐 지나갔지만 다치지는 않았다
The man fell sprawling on the floor
남자는 바닥에 쓰러졌다
when he rose up his teeth chattered with terror
그가 일어섰을 때, 그의 이빨은 공포로 떨렸다
and he hid behind the couch
그리고 그는 소파 뒤에 숨었다
The Emperor leapt to his feet
황제는 벌떡 일어섰다
he took a lance from a stand and threw it at me
그는 단상에서 창을 꺼내 내게 던졌다
I caught it in its flight
나는 그 비행에서 그것을 잡았다
I broke the shaft into two pieces
샤프트를 두 조각으로 나눴습니다
then he shot at me with an arrow
그러더니 화살로 나를 쏘았다
but I held up my hands as it came to me
그러나 나는 그것이 내게 다가오자 손을 들었다
and I stopped the arrow in mid-air
그리고 나는 공중에서 화살을 멈췄다
Then he drew a dagger from a belt of white leather
그런 다음 그는 흰 가죽 허리띠에서 단검을 뽑았다
and he stabbed the Nubian in the throat
그리고 그는 누비아인의 목을 찔렀다

so that the the slave would not tell of his dishonour
종은 자기의 불명예를 말하지 못하게 하였다
The man writhed like a trampled snake
남자는 짓밟힌 뱀처럼 몸부림쳤다
and a red foam bubbled from his lips
그의 입술에서 붉은 거품이 솟아올랐다
As soon as he was dead the Emperor turned to me
그가 죽자마자 황제는 나를 돌아보았다
he took out a little napkin of purple silk
그는 보라색 비단으로 만든 작은 냅킨을 꺼냈다
and he had wiped away the bright sweat from his brow
그는 이마에 맺힌 땀을 닦았다
he said to me, "Art thou a prophet?"
그가 내게 이르되 네가 선지자냐
"is it that I may not harm thee?"
"내가 너를 해치지 아니하려 하느냐?"
"or are you the son of a prophet?"
"네가 선지자의 아들이냐?"
"and is it that can I do thee no hurt?"
"내가 너를 해치지 아니할 수 있겠느냐?"
"I pray thee leave my city tonight"
"오늘 밤 그대가 나의 도시를 떠나기를 기도하노라"
"while thou art in my city I am no longer its lord"
"네가 내 도시에 있는 동안에 나는 더 이상 그 주의 주인이 아니니라"
And this time I answered his question
그리고 이번에는 그의 질문에 대답했습니다
"I will leave they city, for half of thy treasure"
"내가 네 보물의 절반을 위하여 그 도시를 떠나리라"
"Give me half of thy treasure and I will go away"
"네 보물의 절반을 내게 주라 그리하면 내가 가겠나이다"
"He took me by the hand and led me into the garden"
"그분은 내 손을 잡고 동산으로 인도하셨다"
"When the captain of the guard saw me he wondered"
"경비대장이 나를 보고 의아해했다"
"When the eunuchs saw me their knees shook"
"환관들이 나를 보고 무릎을 꿇었다"

"and they fell upon the ground in fear"
"그들이 무서워하여 땅에 엎드렸더라"

There is a special chamber in the palace
궁전에는 특별한 방이 있습니다
the chamber has eight walls of red porphyry
방에는 붉은 반암으로 된 여덟 개의 벽이 있습니다
and it has a brass-scaled ceiling hung with lamps
그리고 램프가 매달린 황동 비늘 천장이 있습니다
The Emperor touched one of the walls and it opened
황제가 벽 하나를 건드리자 벽이 열렸다
we passed down a corridor that was lit with many torches
우리는 많은 횃불로 불을 밝히고 있는 복도를 지나갔습니다
In niches upon each side stood great wine-jars
양쪽 틈새에는 커다란 포도주 항아리가 놓여 있었다
the wine-jars were filled to the brim with silver pieces
포도주 항아리는 은으로 가득 차 있었다
soon we reached the centre of the corridor
이윽고 우리는 회랑 중앙에 도착했다
the Emperor spoke the word that may not be spoken
황제는 입에 담을 수 없는 말을 했다
a granite door swung back on a secret spring
비밀의 샘 위로 화강암 문이 다시 열렸다
and he put his hands before his face
그리고 두 손을 얼굴 앞에 두셨다
so that he would not be dazzled
그가 현혹되지 않도록
Thou would not have believed how marvellous a place it was
그대는 그곳이 얼마나 놀라운 곳인지 믿지 못했을 것이다
There were huge tortoise-shells full of pearls
진주로 가득 찬 거대한 거북이 등껍질이 있었습니다
and there were hollowed moonstones of great size
그리고 속이 빈 월장석이 아주 컸다
the moonstones were piled up with red rubies
월장석에는 붉은 루비가 쌓여 있었다
The gold was stored in coffers of elephant-hide

금은 코끼리 가죽으로 만든 금고에 보관되었다
and there was gold-dust in leather bottles
가죽 병에는 금가루가 들어 있었다
There were more opals and sapphires than I could count
내가 셀 수 있는 것보다 더 많은 오팔과 사파이어가 있었다
the many opals were kept in cups of crystal
많은 단백석은 수정의 컵에서 지켜졌다
and the sapphires were kept in cups of jade
그리고 사파이어는 옥 잔에 보관되었다
Round green emeralds were arranged in order
둥근 초록색 에메랄드가 순서대로 배열되어 있습니다
they were laid out upon thin plates of ivory
그것들은 상아로 된 얇은 판 위에 놓여 있었다
in one corner were silk bags full of turquoise-stones
한쪽 구석에는 청록석으로 가득 찬 비단 자루가 있었다
and others bags were filled with beryls
그리고 다른 가방들은 베릴로 가득 차 있었다
The ivory horns were heaped with purple amethysts
상아색 뿔에는 자주색 자수정이 수북이 쌓여 있었다
and the horns of brass were heaped with chalcedony and sard stones
놋의 뿔에는 칼세도니와 사드 돌이 쌓여 있었다
The pillars holding the ceiling were made of cedar
천장을 지탱하는 기둥은 삼나무로 만들어졌습니다
they were hung with strings of yellow lynx-stones
그들은 노란 살쾡이 돌로 된 끈으로 매달려 있었다
In the flat oval shields there were carbuncles
납작한 타원형 방패에는 카벙클이 있었습니다
they were wine-coloured, and coloured like grass
그것들은 포도주 색깔을 띠고 있었고, 풀처럼 빛깔을 띠고 있었다
And yet I have told thee but a fraction of what was there
그러나 나는 거기 있던 것의 극히 일부만을 그대에게 말했노라

The Emperor took away his hands from his face
황제는 얼굴에서 손을 뗐다
he said to me, "this is my house of treasure"

그는 나에게 "이것은 나의 보물 집이다"라고 말했다
half of what is in this house is thine
이 집에 있는 것의 절반은 당신의 것입니다
this is as I promised to thee
이것은 내가 네게 약속한 것과 같으니라
And I will give thee camels and camel drivers
내가 네게 낙타와 낙타 모는 것을 주겠다
and the camel drivers shall do thy bidding
낙타를 몰던 자들이 네 명령을 따르리라
please, take thy share of the treasure
부디 그 보물을 네 몫으로 가져가라
take it to whatever part of the world thou desirest
당신이 원하는 세상 어느 곳으로든 그것을 가져가십시오
But the thing shall be done tonight
그러나 그 일은 오늘 밤에 이루어질 것이다
because, as you know, the sun is my father
아시다시피 태양은 저의 아버지이기 때문입니다
he must not see a man in the city that I cannot slay
그는 내가 죽일 수 없는 사람을 그 도시에서 맡아야 한다
But I answered him, "The gold that is here is thine"
그러나 내가 그에게 대답하되 여기 있는 금은 네 것이니이다
"and the silver that is here also is thine"
"여기 있는 은도 네 것이니라"
"and thine are the precious jewels and opals"
"귀한 보석과 오팔이 당신께 있나이다"
"As for me, I have no need of these treasures"
"내게는 이 보물들이 필요 없어요"
"I shall not take anything from thee"
"내가 네게서 아무 것도 취하지 아니하리라"
"but I will take the little ring that thou wearest"
"그러나 네가 끼고 있는 작은 반지는 내가 가지리라"
"it is on the finger of thy hand"
"그것은 네 손의 손가락에 있느니라"
when I said this the Emperor frowned
내가 이렇게 말하자 황제는 눈살을 찌푸렸다
"It is but a ring of lead," he cried
"그것은 납덩이에 불과하다"고 그는 외쳤다

"a simple ring has no value for you"
"단순한 반지는 당신에게 아무런 가치가 없습니다"
"take thy half of the treasure and go from my city"
"네 보물의 절반을 가지고 내 성읍을 떠나라"
"Nay" I answered, "it is what I want"
나는 "아니"라고 대답했다.
"I will take nought but that lead ring"
"나는 그 납 반지 외에는 아무것도 가져가지 않을 것이다"
"for I know what is written within it"
"내가 그 안에 무엇 기록되어 있는지 아노라"
"and I know for what purpose it is"
"그리고 나는 그것이 무슨 목적인지 압니다"
And the Emperor trembled in fear
황제는 두려움에 떨었다
he besought me and said, "Take all the treasure"
그는 내게 간청하여 말하기를 "모든 보물을 가져가라"
"take all the treasure and go from my city"
"모든 보물을 가지고 내 도시를 떠나라"
"The half that is mine shall be thine also"
"내 것의 절반도 네 것이 되리라"

And I did a strange thing
그리고 나는 이상한 짓을 저질렀다
but what I did matters not
그러나 내가 한 일은 중요하지 않았다
because there is a cave that is but a day's journey from here
여기에서 하루면 갈 수 있는 동굴이 있기 때문입니다
in that cave I have hidden the Ring of Riches
그 동굴 안에 나는 부의 반지를 숨겼다
in this cave the ring of riches waits for thy coming
이 동굴에서 부의 반지가 당신의 오심을 기다리고 있습니다
He who has this Ring is richer than all the kings of the world
이 반지를 가진 자는 세상의 모든 왕보다 더 부자이다
Come and take it, and the world's riches shall be thine
와서 그것을 취하라 그리하면 세상의 재물이 네 것이 되리라

But the young Fisherman laughed, "love is better than riches"
그러나 젊은 어부는 "사랑이 재물보다 낫다"고 웃었다.
"and the little Mermaid loves me," he added
"그리고 인어공주는 나를 사랑한다"고 그는 덧붙였다
"Nay, but there is nothing better than riches," said the Soul
"아니, 하지만 재물보다 더 좋은 건 없어." 영혼이 말했다
"Love is better," answered the young Fisherman
"사랑이 더 낫습니다." 젊은 어부가 대답했다
and he plunged back into the deep waters
그리고 그는 다시 깊은 물 속으로 뛰어들었다
and the Soul went weeping away over the marshes
영혼은 늪지대 너머로 울며 사라졌다

After the Third Year
3년차 이후

it had been three year since he cast his soul away
그가 영혼을 버린 지 3년이 지났다
the Soul came back to the shore of the sea
영혼이 바닷가로 돌아왔다
and the Soul called to the young Fisherman
영혼이 젊은 어부를 불렀다
the young Fisherman rose back out of the sea
젊은 어부는 바다에서 다시 일어섰다
he asked his soul, "Why dost thou call me?"
그는 그의 영혼에게 물었다, "네가 어찌하여 나를 부르느냐?"
And the Soul answered, "Come nearer"
그러자 영혼이 대답했다, "가까이 오너라"
"come nearer, so that I may speak with thee"
"가까이 오라 그리하면 내가 너와 이야기할 수 있느니라"
"I have seen marvellous things"
"나는 놀라운 일들을 보았습니다"
So the young Fisherman came nearer to his soul
그래서 젊은 어부는 그의 영혼에 더 가까이 다가갔다
and he couched in the shallow water
그는 얕은 물속에 잠잠했다
and he leaned his head upon his hand
그리고 그는 자기 손에 머리를 기댔다
and he listened to his Soul
그리고 그는 그의 영혼에 귀를 기울였다
and his Soul spoke to him
그의 영혼이 그에게 말하였다

In a city that I know of there is an inn
내가 아는 한 도시에 여관이 하나 있다
the inn that I speak of stands by a river
내가 말하는 여관은 강가에 서 있다
in this inn I sat and drunk with sailors
이 여관에서 나는 선원들과 함께 앉아서 술을 마셨다
sailors who drank two different coloured wines

두 가지 색의 와인을 마신 선원들
and they ate bread made of barley
그들은 보리로 만든 빵을 먹었다
and I ate salty little fish with them
나는 그들과 함께 짭짤한 작은 생선을 먹었다
little fish that were served in bay leaves with vinegar
식초와 함께 월계수 잎에 제공된 작은 생선
while we sat and made merry an old man entered
우리가 앉아서 즐거워하고 있을 때, 한 노인이 들어왔다
he had a leather carpet with him
그는 가죽 카펫을 가지고 있었다
and he had a lute that had two horns of amber
그는 호박 뿔 두 개가 달린 류트를 가지고 있었다
he laid out the carpet on the floor
그는 바닥에 카펫을 깔았다
and he struck on the strings of his lute
그는 류트의 현을 두드렸다
and a girl ran in and began to dance in front of us
그러자 한 소녀가 뛰어 들어와 우리 앞에서 춤을 추기 시작했다
Her face was veiled with a veil of gauze
그녀의 얼굴은 거즈로 가려져 있었다
and she was wearing silk, but her feet were naked
그는 비단옷을 입고 있었지만 발은 벌거벗은 상태였다
and her feet moved over the carpet like little white pigeons
그녀의 발은 작은 흰 비둘기처럼 카펫 위를 움직였다
Never have I seen anything so marvellous
나는 그렇게 놀라운 것을 본 적이 없다
the city where she dances is but a day's journey from here
그녀가 춤을 추는 도시는 이곳에서 하루밖에 걸리지 않는다
the young Fisherman heard the words of his Soul
젊은 어부는 영혼의 말을 들었다
he remembered that the little Mermaid had no feet
그는 인어공주에게 발이 없다는 것을 기억했습니다
and he remembered she was unable to dance
그리고 그는 그녀가 춤을 출 수 없다는 것을 기억했다
a great desire came over him to see the girl
그 소녀를 보고 싶은 간절한 욕망이 그를 엄습했다

he said to himself, "It is but a day's journey"
그는 속으로 말하기를, "그것은 단지 하루의 여행일 뿐이다"
"and then I can return to my love," he laughed
"그러면 나는 내 사랑으로 돌아갈 수 있다"고 그는 웃었다
he stood up in the shallow water
그는 얕은 물에서 일어섰다
and he strode towards the shore
그리고 그는 물가를 향해 성큼성큼 걸어갔다
when he had reached the dry shore he laughed again
그가 마른 해안에 이르렀을 때, 그는 다시 웃었다
and he held out his arms to his Soul
그리고 그는 그의 영혼을 향해 팔을 내밀었다
his Soul gave a great cry of joy
그의 영혼은 기쁨의 큰 외침을 보냈다
his Soul ran to meet his body
그의 영혼은 그의 육신을 만나기 위해 달려갔다
and his Soul entered into back him again
그의 영혼이 다시 그를 뒤쫓았다
the young Fisherman became one with his shadow once more
젊은 어부는 다시 한 번 자신의 그림자와 하나가 되었다
the shadow of the body that is the body of the Soul
영혼의 몸인 몸의 그림자
And his Soul said to him, "Let us not tarry"
그의 영혼이 그에게 이르되 지체하지 말자
"but let us get going at once"
"하지만 당장 가자"
"because the Sea-gods are jealous"
"바다의 신들이 질투하기 때문에"
"and they have monsters that do their bidding"
"그리고 그들은 명령을 수행하는 괴물을 가지고 있습니다."
So they made haste to get to the city
그래서 그들은 서둘러 그 도시로 갔다

Sin
죄

all that night they journeyed beneath the moon
그날 밤 내내 그들은 달 아래를 여행했다
and all the next day they journeyed beneath the sun
이튿날 내내 그들은 해 아래서 여행하였다
on the evening of the day they came to a city
그날 저녁에 그들은 한 도시에 이르렀다
the young Fisherman asked his Soul
젊은 어부는 영혼에게 물었다
"Is this the city in which she dances?"
"여기가 그녀가 춤추는 도시인가?"
And his Soul answered him
그러자 그의 영혼이 그에게 응답하였다
"It is not this city, but another"
"이 도시가 아니라 다른 도시라"
"Nevertheless, let us enter this city"
"그렇지만, 이 도시로 들어가자"
So they entered the city and passed through the streets
그래서 그들은 도시로 들어가 거리를 지나갔다
they passed through the street of jewellers
그들은 보석상들의 거리를 지나갔다
passing through the street, the young Fisherman saw a silver cup
길을 지나가던 젊은 어부는 은잔을 보았습니다
his Soul said to him, "Take that silver cup"
그의 영혼이 그에게 말하길, "저 은잔을 가져가라"
and his Soul told him to hide the silver cup
그리고 그의 영혼은 그에게 은잔을 숨기라고 말했다
So he took the silver cup and hid it
그래서 그는 은잔을 가져다가 숨겼다
and they went hurriedly out of the city
그들은 서둘러 도시를 떠났다
the young Fisherman frowned and flung the cup away
젊은 어부는 눈살을 찌푸리며 컵을 던져 버렸다
"Why did'st thou tell me to take this cup?"

"어찌하여 이 잔을 받으라고 내게 말씀하시지 아니하였나이까?"
"it was an evil thing to do"
"그것은 악한 일이었다"
But his Soul just told him to be at peace
하지만 그의 영혼은 그저 그에게 평안하라고 말했을 뿐이다

on the evening of the second day they came to a city
둘째 날 저녁에 그들은 한 도시에 이르렀다
the young Fisherman asked his Soul
젊은 어부는 영혼에게 물었다
"Is this the city in which she dances?"
"여기가 그녀가 춤추는 도시인가?"
And his Soul answered him
그러자 그의 영혼이 그에게 응답하였다
"It is not this city, but another"
"이 도시가 아니라 다른 도시라"
"Nevertheless, let us enter this city"
"그렇지만, 이 도시로 들어가자"
So they entered in and passed through the streets
그래서 그들은 거리로 들어가 지나갔다
they passed through the street of sandal sellers
그들은 샌들 상인들의 거리를 지나갔다
passing through the street, the young Fisherman saw a child
길을 지나가던 젊은 어부는 한 아이를 보았습니다
the child was standing by a jar of water
아이는 물항아리 옆에 서 있었다
his Soul told him to smite the child
그의 영혼은 그에게 아이를 치라고 말했다
So he smote the child till it wept
그래서 그는 아이가 울 때까지 쳤다
after he had done this they went hurriedly out of the city
그가 이 일을 한 후에 그들은 서둘러 그 도시를 떠났다
the young Fisherman grew angry with his soul
젊은 어부는 자신의 영혼에 화가 났다
"Why did'st thou tell me to smite the child?"
"어찌하여 내게 그 아이를 치라고 하지 아니하셨나이까?"
"it was an evil thing to do"

"그것은 악한 일이었다"
But his Soul just told him to be at peace
하지만 그의 영혼은 그저 그에게 평안하라고 말했을 뿐이다

And on the evening of the third day they came to a city
셋째 날 저녁에 그들은 한 도시에 이르렀다
the young Fisherman asked his Soul
젊은 어부는 영혼에게 물었다
"Is this the city in which she dances?"
"여기가 그녀가 춤추는 도시인가?"
And his Soul answered him
그러자 그의 영혼이 그에게 응답하였다
"It may be that it is this city, so let us enter"
"어쩌면 이 도시일지도 모르기 때문에 들어가자"
So they entered the city and passed through the streets
그래서 그들은 도시로 들어가 거리를 지나갔다
but nowhere could the young Fisherman find the river
그러나 젊은 어부는 어디에서도 강을 찾을 수 없었다
and he couldn't find the inn either
그리고 그는 여관도 찾을 수 없었습니다
And the people of the city looked curiously at him
그러자 그 도시 사람들이 호기심 어린 눈으로 그분을 쳐다보았다
and he grew afraid and asked his Soul to leave
그는 두려움에 떨며 그의 영혼에게 떠나라고 요청했다
"she who dances with white feet is not here"
"흰 발로 춤추는 여자는 여기 없다"
But his Soul answered "Nay, but let us rest"
그러나 그의 영혼은 대답했다, "아니, 하지만 쉬자"
"because the night is dark"
"밤이 어두우니까"
"and there will be robbers on the way"
"가는 길에 강도들이 있을 것이다"
So he sat himself down in the market-place and rested
그래서 그는 장터에 앉아서 쉬었다
after a time a hooded merchant walked past him
잠시 후 두건을 쓴 상인이 그를 지나쳐 갔다

he had a cloak of cloth of Tartary
그는 타르타르의 천으로 된 망토를 입고 있었다
and he carried a lantern of pierced horn
그는 뿔이 뚫린 등불을 들고 다녔다
the merchant asked the young Fisherman
상인은 젊은 어부에게 물었다
"Why dost thou sit in the market-place?"
"네가 어찌하여 장터에 앉아 있느냐?"
"the booths are closed and the bales corded"
"부스는 닫히고 가마니는 끈으로 묶여 있습니다"
And the young Fisherman answered him
그러자 젊은 어부가 대답했다
"I can find no inn in this city"
"이 도시에서는 여관을 찾을 수 없습니다."
"I have no kinsman who might give me shelter"
"내게 피난처를 줄 수 있는 친척이 없습니다"
"Are we not all kinsmen?" said the merchant
"우리는 모두 친척이 아닙니까?" 상인이 말했다
"And did not one God make us?"
"하나님은 한 분이신 우리를 만드시지 않았습니까?"
"come with me, for I have a guest-chamber"
"나와 함께 가자, 내게는 손님방이 있으니"
So the young Fisherman rose up and followed the merchant
그러자 젊은 어부는 일어나 상인을 따라갔다
they passed through a garden of pomegranates
그들은 석류 정원을 지나갔다
and they entered into the house of the merchant
그들은 상인의 집으로 들어갔다
the merchant brought him rose-water in a copper dish
상인은 그에게 구리 접시에 장미수를 담아 가져왔다
so that he could wash his hands
손을 씻을 수 있도록
and he brought him ripe melons
그리고 잘 익은 멜론을 가져왔다
so that he could quench his thirst
갈증을 해소할 수 있도록
and he gave him a bowl of rice

그리고 그는 그에게 밥 한 그릇을 주었다
in the bowl of rice was roasted lamb
밥 그릇에는 구운 양고기가 있었다
so that he could satisfy his hunger
배고픔을 채우기 위해서였다
the young Fischerman finished his meal
젊은 피셔만은 식사를 마쳤다
and he thanked the merchant for all his generousity
그리고 그는 상인의 모든 관대함에 감사를 표했다
then the merchant led him to the guest-chamber
그러자 상인은 그를 손님방으로 안내했다
and the merchant let him sleep in his chamber
상인은 그를 자기 방에서 자게 하였다
the young Fisherman gave him thanks again
젊은 어부는 그에게 다시 감사를 표했다
and he kissed the ring that was on his hand
그리고 그는 자기 손에 있는 반지에 입을 맞추었다
he flung himself down on the carpets of dyed goat's-hair
그는 염색한 염소털 카펫 위에 몸을 던졌다
And when pulled the blanket over himself he fell asleep
그리고 담요를 끌어당겨 몸을 덮었을 때 그는 잠이 들었다

it was three hours before dawn
동이 트기 세 시간 전이었다
while it was still night his Soul woke him
아직 밤이 되었을 때 그의 영혼이 그를 깨웠다
his Soul told him to rise
그의 영혼은 그에게 일어나라고 말했다
"Rise up and go to the room of the merchant"
"일어나 상인의 방으로 가라"
"go to the room in which he sleeps"
"그가 자고 있는 방으로 가라"
"slay him in his sleep"
"그의 잠자는 동안에 그를 죽여라"
"take his gold from him"
"그에게서 금을 거두어라"
"because we have need of it"

"우리에게 그것이 필요하기 때문이니라"
And the young Fisherman rose up
그러자 젊은 어부가 일어섰다
and he crept towards the room of the merchant
그리고 그는 상인의 방으로 살금살금 다가갔다
there was a curved sword at the feet of the merchant
상인의 발치에는 구부러진 칼이 있었다
and there was a tray by the side of the merchant
그리고 상인 옆에는 쟁반이 있었다
the tray held nine purses of gold
쟁반에는 아홉 개의 금주머니가 들어 있었다
And he reached out his hand and touched the sword
그리고 그는 손을 뻗어 칼을 만졌다
and when he touched the sword the merchant woke up
그가 칼을 만졌을 때, 상인은 깨어났다
he leapt up and seized the sword
그는 벌떡 일어나 검을 움켜쥐었다
"Dost thou return evil for good?"
"네가 악을 선으로 갚으느냐?"
"do you pay with the shedding of blood?"
"피 흘림으로 갚으시나이까?"
"in return for the kindness that I have shown thee"
"내가 네게 베푼 친절에 보답하여"
And his Soul said to the young Fisherman, "Strike him"
그의 영혼이 젊은 어부에게 말하길, "그를 쳐라"
and he struck him so that he swooned
그가 그를 쳐서 기절하게 하였다
he seized the nine purses of gold
그는 아홉 개의 금 지갑을 압수했다
and he fled hastily through the garden of pomegranates
그는 석류밭을 통해 황급히 달아났다
and he set his face to the star of morning
그리고 아침 별을 향하여 얼굴을 향하였다
they escaped the city without being noticed
그들은 들키지 않고 도시를 탈출했다
the young Fisherman beat his breast
젊은 어부는 가슴을 쳤다

"Why didst thou bid me to slay the merchant?"
"어찌하여 내게 상인을 죽이라고 명하셨나이까?"
"why did you make me take his gold?"
"어째서 나한테 그의 금을 가져가게 한 거지?"
"Surely thou art evil"
"너는 정녕 악하니라"
But his Soul told him to be at peace
그러나 그의 영혼은 그에게 평화롭게 지내라고 말했다
"No!" cried the young Fisherman
"안 돼!" 젊은 어부가 소리쳤다
"I can not be at peace with this"
"나는 이것으로 평화로울 수 없다"
"all that thou hast made me do I hate"
"주께서 내게 주신 모든 것을 내가 미워하나이다"
"and what else I hate is you"
"그리고 내가 또 싫어하는 것은 너"
"why have you brought me here to do these things?"
"어째서 나를 여기로 데려와 이런 일을 하게 한 거지?"
And his Soul answered him
그러자 그의 영혼이 그에게 응답하였다
"When you sent me into the world you gave me no heart"
"나를 세상에 보내셨을 때, 당신은 내게 심장을 주지 않으셨습니다"
"so I learned to do all these things"
"그래서 나는 이 모든 일을 하는 법을 배웠습니다"
"and I learned to love these things"
"그리고 나는 이러한 것들을 사랑하는 법을 배웠다"
"What sayest thou?" murmured the young Fisherman
"네가 무슨 말을 하느냐?" 젊은 어부가 중얼거렸다
"Thou knowest," answered his Soul
"그대는 알고 있느니라." 그의 영혼이 대답했다
"Have you forgotten that you gave me no heart?"
"나한테 심장을 주지 않았다는 걸 잊었어?"
"don't trouble yourself for me, but be at peace"
"나를 위하여 괴로워하지 말고 평안하라"
"because there is no pain you shouldn't give away"
"아픔이 없으니까 버리면 안 된다"

"and there is no pleasure that you should not receive"
"받지 말아야 할 즐거움이 없느니라"
when the young Fisherman heard these words he trembled
젊은 어부는 이 말을 듣고 몸을 떨었다
"Nay, but thou art evil"
"아니, 그러나 너는 악하니라"
"you have made me forget my love"
"당신은 내가 내 사랑을 잊게 하셨습니다"
"you have tempted me with temptations"
"네가 시험으로 나를 시험하였도다"
"and you have set my feet in the ways of sin"
"주께서 내 발을 죄의 길에 두셨나이다"
And his Soul answered him
그러자 그의 영혼이 그에게 응답하였다
"you have not forgotten?"
"잊지 않으셨어요?"
"you sent me into the world with no heart"
"당신은 나를 마음 없이 세상에 보내셨습니다"
"Come, let us go to another city"
"자, 다른 도시로 가자"
"let us make merry with the gold we have"
"우리가 가진 금으로 즐거워합시다"
But the young Fisherman took the nine purses of gold
그러나 젊은 어부는 아홉 개의 금 지갑을 가져갔습니다
he flung the purses of gold into the sand
그는 금주머니를 모래 속으로 던졌다
and he trampled on the on the purses of gold
그는 금 지갑을 짓밟았다
"Nay!" he cried to his Soul
"안 돼!" 그는 영혼에게 소리쳤다
"I will have nought to do with thee"
"나는 너와 아무 상관이 없으리라"
"I will not journey with thee anywhere"
"나는 너와 함께 어디에도 가지 아니하리라"
"I have sent thee away before"
"내가 전에 너를 보냈느니라"
"and I will send thee away again"

"내가 너를 다시 보내리라"
"because thou hast brought me no good"
"네가 내게 아무 유익도 주지 못하였음이니라"
And he turned his back to the moon
그리고 그는 달을 등졌다
he held the little green knife in his hand
그는 작은 초록색 칼을 손에 쥐고 있었다
he strove to cut from his feet the shadow of the body
그는 발에서 육신의 그림자를 잘라내려고 애썼다
the shadow of the body, which is the body of the Soul
영혼의 몸인 몸의 그림자
Yet his Soul stirred not from him
그러나 그의 영혼은 그에게서 움직이지 않았다
and it paid no heed to his command
그리고 그것은 그의 명령에 주의를 기울이지 않았다
"The spell the Witch told thee avails no more"
"마녀가 네게 말한 주문은 더 이상 소용이 없다"
"I may not leave thee anymore"
"내가 더 이상 너를 떠나지 아니하리라"
"and thou can't drive me forth"
"네가 나를 쫓아내지 못하리라"
"Once in his life may a man send his Soul away"
"일생에 한 번쯤은 사람이 자기 영혼을 떠나보내게 하소서".
"but he who receives back his Soul must keep it for ever"
"그러나 자기 영혼을 되찾는 자는 그것을 영원히 간직하리라"
"this is his punishment and his reward"
"이것이 그의 형벌이요 그의 상이다"
the young Fisherman grew pale at his fate
젊은 어부는 자신의 운명에 창백해졌다
and he clenched his hands and cried
그는 두 손을 꽉 쥐고 울었다
"She was a false Witch for not telling me"
"나한테 말하지 않은 가짜 마녀였어"
"Nay," answered his Soul, "she was not a false Witch"
"아니," 그의 영혼이 대답했다, "그녀는 거짓 마녀가 아니었다."
"but she was true to Him she worships"
"그러나 그 여자는 자기가 경배하는 그분께 진실하였느니라"

"and she will be his servant forever"
"그 여자는 영원히 그의 종이 되리라"
the young Fisherman knew he could not get rid of his Soul again
젊은 어부는 자신의 영혼을 다시는 없앨 수 없다는 것을 알았다
he knew now that his soul was an evil Soul
그는 이제 자신의 영혼이 사악한 영혼이라는 것을 알았다
and his Soul would abide with him always
그의 영혼은 항상 그와 함께 거하리라
when he knew this he fell upon the ground and wept
그는 이 사실을 알고 땅에 엎드려 울었다

The Heart
심장

when it was day the young Fisherman rose up
날이 밝자 젊은 어부가 일어섰다
he told his Soul, "I will bind my hands"
그는 그의 영혼에게 말했다, "나는 내 손을 묶을 것이다"
"that way I can not do thy bidding"
"그렇게 하면 내가 당신의 명령을 행할 수 없나이다"
"and I will close my lips"
"내가 내 입술을 닫으리라"
"that way I can not speak thy words"
"그렇게 하면 내가 네 말을 할 수 없나이다"
"and I will return to the place where my love lives"
"내 사랑이 사는 곳으로 돌아가리라"
"to the sea will I return"
"내가 바다로 돌아가리라"
"I will return to where she sung to me"
"나는 그녀가 나에게 노래했던 곳으로 돌아갈 것이다"
"and I will call to her"
"내가 그를 부르리라"
"I will tell her the evil I have done"
"내가 행한 악을 그 여자에게 말하겠다"
"and I will tell her the evil thou hast wrought on me"
"네가 내게 행한 악을 내가 그에게 말하리라"
his Soul tempted him, "Who is thy love?"
그의 영혼이 그를 유혹했다, "당신의 사랑이 누구냐?"
"why should thou return to her?"
"어찌하여 네가 그 여자에게로 돌아가야 하느냐?"
"The world has many fairer than she is"
"세상에는 그녀보다 더 공정한 사람들이 많다"
"There are the dancing-girls of Samaris"
"사마리아의 춤추는 소녀들이 있다"
"they dance the way birds dance"
"그들은 새들이 춤추는 것처럼 춤을 춘다"
"and they dance the way beasts dance"

"짐승이 춤추는 것처럼 춤추고"
"Their feet are painted with henna"
"그들의 발은 헤나로 칠해져 있습니다"
"in their hands they have little copper bells"
"그들의 손에는 작은 구리 방울이 있다"
"They laugh while they dance"
"그들은 춤추면서 웃는다"
"their laughter is as clear as the laughter of water"
"그들의 웃음소리는 물의 웃음소리처럼 맑다"
"Come with me and I will show them to thee"
"나와 함께 가자 내가 그것들을 네게 보이리라"
"because why trouble yourself with things of sin?"
"어찌하여 죄악된 일로 괴로워하느냐?"
"Is that which is pleasant to eat not made to be eaten?"
"먹기 좋은 것은 먹기 위해 만들어진 것이 아니냐?"
"Is there poison in that which is sweet to drink?"
"달게 마시는 것에 독이 있느냐?"
"Trouble not thyself, but come with me to another city"
"근심하지 말고 나와 함께 다른 성읍으로 가라"
"There is a little city with a garden of tulip-trees"
"튤립 나무 정원이 있는 작은 도시가 있습니다."
"in its garden there are white peacocks"
"정원에는 흰 공작새가 있습니다"
"and there are peacocks that have blue breasts"
"그리고 파란 가슴을 가진 공작새가 있습니다"
"Their tails are like disks of ivory"
"그들의 꼬리는 상아 원반 같도다"
"when they spread their tails in the sun"
"햇볕에 꼬리를 펼칠 때"
"And she who feeds them dances for their pleasure"
"그들을 먹이는 여자는 그들의 즐거움을 위하여 춤을 춘다"
"and sometimes she dances on her hands"
"그리고 때때로 그녀는 그녀의 손에서 춤을 춥니다"
"and at other times she dances with her feet"
"또 어떤 때는 발로 춤을 춘다"
"Her eyes are coloured with stibium"

"그녀의 눈은 스티비움으로 물들어 있다"
"her nostrils are shaped like the wings of a swallow"
"콧구멍은 제비의 날개 모양이다"
"and she laughs while she dances"
"그리고 그녀는 춤을 추면서 웃는다"
"and the silver rings on her ankles ring"
"그리고 그녀의 발목에 있는 은반지 반지"
"Don't trouble thyself any more"
"다시는 네 자신을 괴롭히지 말라"
"come with me to this city"
"나와 함께 이 도시로 가자"

But the young Fisherman did not answer his Soul
그러나 젊은 어부는 그의 영혼에 대답하지 않았다
he closed his lips with the seal of silence
그는 침묵의 봉인으로 입술을 다물었다
and he bound his own hands with a tight cord
그는 자기 손을 꽁꽁 묶었다
and he journeyed back to from where he had come
그리고 그는 자기가 왔던 곳으로 돌아갔다
he journeyd back to the little bay
그는 작은 만으로 돌아갔다
and he journeyed to where his love had sung for him
그리고 그는 그의 사랑이 그를 위해 노래했던 곳으로 여행했다
His Soul tried to tempt him along the way
그의 영혼은 도중에 그를 유혹하려고 했습니다
but he made his Soul no answer
그러나 그는 그의 영혼을 대답하지 않았다
and he did none of his Soul's wickedness
그는 자기 영혼의 사악함을 하나도 행하지 아니하였느니라
so great was the power of the love that was within him
그의 내면에 있는 사랑의 힘은 너무나 컸다
when he reached the shore he loosened the cord
그가 물가에 이르렀을 때, 그는 끈을 풀었다
and he took the seal of silence from his lips
그리고 그는 입술에서 침묵의 인장을 떼어냈다
he called out to the little Mermaid

그는 인어공주를 불렀다
But she did not answer his call for her
그러나 그녀는 자기를 위한 그의 부름에 응하지 않았다
she did not answer, although he called all day
그는 하루 종일 전화를 걸었지만 그녀는 대답하지 않았다
his Soul mocked the young Fisherman
그의 영혼이 젊은 어부를 조롱했다
"you have little joy out of thy love"
"네 사랑으로 말미암아 기쁨이 적은도다"
"you are pouring water into a broken vessel"
"깨진 그릇에 물을 붓고 있도다"
"you have given away what you had"
"당신은 당신이 가진 것을 나누어 주었습니다"
"but nothing has been given to you in return"
"그러나 그 대가로 너희에게 주어진 것은 아무것도 없다"
"It would be better if you came with me"
"나랑 같이 가면 좋겠어"
"because I know where the Valley of Pleasure lies"
"나는 쾌락의 골짜기가 어디에 있는지 알고 있기 때문에"
But the young Fisherman did not answer his Soul
그러나 젊은 어부는 그의 영혼에 대답하지 않았다

in a cleft of the rock he built himself a house
바위 틈에 그는 집을 지었다
and he abode there for the space of a year
그는 일 년 동안 거기서 머물렀다
every morning he called to the Mermaid
매일 아침 그는 인어를 불렀다
and every noon he called to her again
그리고 정오마다 그는 그녀를 다시 불렀다
and at night-time he spoke her name
밤이 되자 그는 그 여자의 이름을 불렀다
but she never rose out of the sea to meet him
그러나 그녀는 결코 그를 만나기 위해 바다에서 올라오지 않았다
and he could not find her anywhere in the sea
바다 어디에서도 그녀를 찾을 수 없었다

he sought for her in the caves
그는 동굴에서 그녀를 찾았다
he sought for her in the green water
그는 푸른 물에서 그녀를 찾았다
he sought for her in the pools of the tide
그는 파도의 웅덩이에서 그녀를 찾았다
and he sought for her in the wells
그는 우물에서 그녀를 찾았다
the wells that are at the bottom of the deep
깊은 곳의 바닥에 있는 우물들
his Soul didn't stop tempting him with evil
그의 영혼은 악으로 그를 유혹하는 것을 멈추지 않았다
and it whispered terrible things to him
그리고 그것은 그에게 끔찍한 것들을 속삭였다
but his Soul could not prevail against him
그러나 그의 영혼은 그를 이길 수 없었다
the power of his love was too great
그분의 사랑의 힘은 너무나 컸습니다

after the year was over the Soul thought within itself
그 해가 지나고 나서, 영혼은 그 안에서 생각했다
"I have tempted my master with evil"
"내가 악으로 내 주인을 시험하였나이다"
"but his love is stronger than I am"
"그러나 그의 사랑은 나보다 강하도다"
"I will tempt him now with good"
"내가 이제 선으로 그를 시험하리라"
"it may be that he will come with me"
"어쩌면 그가 나와 함께 갈지도 몰라"
So he spoke to the young Fisherman
그래서 그는 젊은 어부에게 말했습니다
"I have told thee of the joy of the world"
"내가 세상의 기쁨을 네게 말하였노라"
"and thou hast turned a deaf ear to me"
"네가 내게 귀를 막았도다"
"allow me to tell thee of the world's pain"
"세상의 아픔을 그대에게 말하게 하소서"

"and it may be that you will listen"
"그러면 너희가 귀를 기울일 수 있느니라"
"because pain is the Lord of this world"
"고통이 이 세상의 주인이기 때문입니다"
"and there is no one who escapes from its net"
"그 그물에서 벗어날 자가 없느니라"
"There be some who lack raiment"
"옷이 없는 자들이 있다"
"and there are others who lack bread"
"빵이 부족한 사람들도 있다"
"There are widows who sit in purple"
"자주색 옷을 입은 과부들이 있느니라"
"and there are widows who sit in rags"
"누더기 옷을 입은 과부들이 있도다"
"The beggars go up and down on the roads"
"거지들이 길에서 오르락내리락한다"
"and the pockets of the beggars are empty"
"거지들의 주머니가 텅텅 비었도다"
"Through the streets of the cities walks famine"
"성읍의 거리에는 기근이 걸린다"
"and the plague sits at their gates"
"재앙이 그 문 앞에 있도다"
"Come, let us go forth and mend these things"
"오라, 우리가 나가서 이 일을 고치자"
"let us make these things be different"
"이것들을 다르게 합시다"
"why should you wait here calling to thy love?"
"어찌하여 당신의 사랑을 부르며 여기서 기다려야 합니까?"
"she will not come to your call"
"그 여자는 네 부름에 오지 아니하리라"
"And what is love?"
"사랑이란 무엇인가?"
"And why do you value it so highly?"
"그리고 왜 그토록 높이 평가하는 거죠?"
But the young Fisherman didn't answer his Soul
그러나 젊은 어부는 그의 영혼에 대답하지 않았다
so great was the power of his love

그분의 사랑의 힘은 너무나 컸다
And every morning he called to the Mermaid
그리고 매일 아침 그는 인어를 불렀다
and every noon he called to her again
그리고 정오마다 그는 그녀를 다시 불렀다
and at night-time he spoke her name
밤이 되자 그는 그 여자의 이름을 불렀다
Yet never did she rise out of the sea to meet him
그러나 그녀는 결코 그를 만나기 위해 바다에서 올라오지 않았다
nor in any place of the sea could he find her
바다의 어느 곳에서도 그는 그녀를 찾을 수 없었다
though he sought for her in the rivers of the sea
바다의 강에서 그녀를 찾았지만
and in the valleys that are under the waves
파도 아래 있는 골짜기에서
in the sea that the night makes purple
밤이 보라색으로 하는 바다에
and in the sea that the dawn leaves grey
새벽이 회색으로 물드는 바다에

after the second year was over
2년차가 끝난 후
the Soul spoke to the young Fisherman at night-time
영혼은 밤에 젊은 어부에게 말했다
while he sat in the wattled house alone
그가 왁자지껄한 집에 혼자 앉아 있는 동안
"I have tempted thee with evil"
"내가 악으로 너를 시험하였노라"
"and I have tempted thee with good"
"내가 선으로 너를 시험하였노라"
"and thy love is stronger than I am"
"주의 사랑이 나보다 강하시나이다"
"I will tempt thee no longer"
"내가 다시는 너를 시험하지 아니하리라"
"but please, allow me to enter thy heart"
"그러나 제발, 내가 당신의 마음에 들어갈 수 있게 해 주십시오"

"so that I may be one with thee, as before"
"그리하여 내가 전과 같이 주와 하나가 되게 하려 함이니라"
"thou mayest enter," said the young Fisherman
"들어가셔도 됩니다." 젊은 어부가 말했다
"because when you had no heart you must have suffered"
"너희에게 마음이 없었을 때에 너희가 고난을 당하였음이니라"
"Alas!" cried his Soul
"아아!" 그의 영혼이 외쳤다
"I can find no place of entrance"
「입구의 장소를 찾을 수 없다」
"so compassed about with love is this heart of thine"
"주의 이 마음은 사랑으로 가득 찼나이다"
"I wish that I could help thee," said the young Fisherman
"내가 너를 도울 수 있으면 좋겠구나." 젊은 어부가 말했다
while he spoke there came a great cry of mourning from the sea
그분이 말씀하시는 동안에 바다에서 큰 애통의 부르짖음이 들려왔다
the cry that men hear when one of the Sea-folk is dead
바다 사람들 중 하나가 죽었을 때 사람들이 듣는 울부짖음
the young Fisherman leapt up and left his house
젊은 어부는 벌떡 일어나 집을 나섰다
and he ran down to the shore
그리고 그는 물가로 달려갔다
the black waves came hurrying to the shore
검은 파도가 해안으로 밀려왔다
the waves carried a burden that was whiter than silver
파도는 은보다 더 하얀 짐을 짊어졌다
it was as white as the surf
파도처럼 하얗게 질려 있었다
and it tossed on the waves like a flower
그리고 그것은 꽃처럼 파도에 흩날렸다
And the surf took it from the waves
그리고 파도는 파도에서 그것을 가져갔습니다
and the foam took it from the surf
그리고 거품은 파도에서 그것을 가져 갔다
and the shore received it

그리고 해안은 그것을 받았다
lying at his feet was the body of the little Mermaid
그의 발치에는 인어공주의 시신이 놓여 있었다
She was lying dead at his feet
그녀는 그의 발치에 죽어 누워 있었다
he flung himself beside her, and wept
그는 그녀 곁에 엎드려 울었다
he kissed the cold red of her mouth
그는 그녀의 차가운 붉은 입가에 입을 맞췄다
and he stroked the wet amber of her hair
그리고 그는 그녀의 젖은 호박색 머리카락을 쓰다듬었다
he wept like someone trembling with joy
그는 기쁨에 떨고 있는 사람처럼 울었다
in his brown arms he held her to his breast
그는 갈색 팔로 그녀를 가슴에 안았다
Cold were the lips, yet he kissed them
입술은 차가웠지만, 그는 입술에 입을 맞췄다
salty was the honey of her hair
짭짤한 머리카락의 꿀이었다
yet he tasted it with a bitter joy
그러나 그는 쓰디쓴 기쁨으로 그것을 맛보았다
He kissed her closed eyelids
그는 그녀의 감긴 눈꺼풀에 키스했다
the wild spray that lay upon her was less salty than his tears
그녀에게 쏟아진 거친 물보라가 그의 눈물보다 덜 짠 것이었다
to the dead little mermaid he made a confession
죽은 인어공주에게 그는 고백했다
Into the shells of her ears he poured the harsh wine of his tale
그녀의 귀 껍데기에 그는 자신의 이야기에 담긴 독한 포도주를 부었다
He put the little hands round his neck
그는 작은 손으로 목을 감쌌다
and with his fingers he touched the thin reed of her throat
그리고 손가락으로 그 여자의 목구멍에 있는 가느다란 갈대를 만졌다
his joy was bitter and deep

그의 기쁨은 쓰라리고 깊었다
and his pain was full of a strange gladness
그의 고통은 이상한 기쁨으로 가득 차 있었다
The black sea came nearer
흑해가 더 가까이 다가왔다
and the white foam moaned like a leper
흰 거품이 문둥병자처럼 신음했다
the sea grabbed at the shore with its white claws of foam
바다는 하얀 발톱으로 해안을 움켜쥐었다
From the palace of the Sea-King came the cry of mourning again
바다왕의 궁전에서 다시 애도의 외침이 들려왔다
far out upon the sea the great Tritons could be heard
저 멀리 바다 위에서는 거대한 트리톤의 소리가 들렸다
they blew hoarsely upon their horns
그들은 뿔나팔을 쉰 목소리로 불었다
"Flee away," said his Soul
"도망쳐라." 그의 영혼이 말했다
"if the sea comes nearer it will slay thee"
"바다가 가까이 오면 너를 죽일 것이다"
"please, let us leave, for I am afraid"
"제발, 내가 두렵으니 떠나자"
"because thy heart is closed against me"
"네 마음이 나를 향하여 닫혀 있기 때문이니라"
"out of the greatness of thy love I beg you
"당신의 사랑의 위대함을 간청합니다
"flee away to a place of safety"
"안전한 곳으로 도망하여라"
"Surely you would not do this to me again?"
"설마 다시는 나한테 이런 짓을 하지 않겠다고?"
"do not send me into another world without a heart"
"마음이 없는 다른 세상으로 보내지 말아주세요"
the young Fisherman did not listen to his Soul
젊은 어부는 그의 영혼에 귀를 기울이지 않았다
but he spole to the little Mermaid
그러나 그는 작은 인어공주에게 폴을 찔렀습니다
and he said, "Love is better than wisdom"

"사랑이 지혜보다 낫다"
"love is more precious than riches"
"사랑이 재물보다 귀하다"
"love fairer than the feet of the daughters of men"
"사람의 딸들의 발보다 더 아름다운 사랑"
"The fires of the world cannot destroy love"
"세상의 불도 사랑을 멸할 수 없다"
"the waters of the sea cannot quench love"
"바닷물은 사랑을 끌 수 없다"
"I called on thee at dawn"
"내가 새벽에 너를 불렀노라"
"and thou didst not come to my call"
"네가 나의 부르짖음을 듣지 아니하였느니라"
"The moon heard thy name"
"달이 네 이름을 들었느니라"
"but the moon didn't answer me"
"하지만 달은 내게 대답하지 않았다"
"I left thee in order to do evil"
"내가 너를 버리고 떠난 것은 악을 행하려 함이니라"
"and I have suffered for what I've done"
"내가 행한 일로 인하여 고난을 당하였도다"
"but my love for you has never left me"
"그러나 당신에 대한 나의 사랑은 결코 나를 떠나지 않았습니다"
"and my love was always strong"
"내 사랑은 언제나 강하였더라"
"nothing prevailed against my love"
"내 사랑을 이길 수 있는 것은 아무것도 없느니라"
"though I have looked upon evil"
"내가 악을 보았을지라도"
"and I have looked upon good"
"내가 선을 보았도다"
"now that thou are dead, I will also die with thee"
"네가 죽었으니 나도 너와 함께 죽으리라"
his Soul begged him to depart
그의 영혼은 그에게 떠나라고 애원했다
but he would not leave, so great was his love
그러나 그는 떠나려 하지 않았고, 그의 사랑은 너무나 컸다

the sea came nearer to the shore
바다가 해안에 더 가까이 다가왔다
and the sea sought to cover him with its waves
바다가 파도로 그를 덮으려 하였다
the young Fisherman knew that the end was at hand
젊은 어부는 종말이 가까웠음을 알았습니다
he kissed the cold lips of the Mermaid
그는 인어의 차가운 입술에 입을 맞췄다
and the heart that was within him broke
그의 속에 있던 마음이 찢어졌다
from the fullness of his love his heart did break
그의 충만한 사랑에서 그의 마음은 찢어졌다
the Soul found an entrance, and entered his heart
영혼은 입구를 찾았고, 그의 마음 속으로 들어갔다
his Soul was one with him, just like before
그의 영혼은 이전과 마찬가지로 그와 하나였다
And the sea covered the young Fisherman with its waves
바다는 파도로 젊은 어부를 뒤덮었다

Blessings
축복

in the morning the Priest went forth to bless the sea
아침에 제사장은 바다를 축복하러 나갔다
because the Priest had been troubled that night
그날 밤 사제가 괴로워했기 때문이었다
the monks and the musicians went with him
수도사들과 음악가들도 그와 함께 갔다
and the candle-bearers came with the Priest too
촛불을 든 사람들도 사제와 함께 왔다
and the swingers of censers came with the Priest
향로를 휘두르는 자들이 제사장과 함께 왔다
and a great company of people followed him
그러자 많은 무리의 사람들이 그분을 따랐다
when the Priest reached the shore he saw the young Fisherman
사제가 해안에 이르렀을 때, 그는 젊은 어부를 보았다
he was lying drowned in the surf
그는 파도에 빠져 누워 있었다
clasped in his arms was the body of the little Mermaid
그의 팔에는 인어공주의 시신이 안겨 있었다
And the Priest drew back frowning
그러자 사제는 눈살을 찌푸리며 뒤로 물러섰다
he made the sign of the cross and exclaimed aloud:
그는 십자 성호를 긋고 큰 소리로 외쳤다.
"I will not bless the sea, nor anything that is in it"
"내가 바다와 그 가운데 있는 모든 것을 축복하지 아니하리라"
"Accursed be the Sea-folk and those who traffic with them"
"바다 사람들과 그들과 거래하는 자들은 저주를 받을지어다"
"And as for the young Fisherman;"
"그리고 젊은 어부는 그렇다."
"he forsook God for the sake of love"
"그는 사랑 때문에 하느님을 버렸다"
"and now he lays here with his lover"
"그리고 지금 그는 그의 연인과 함께 여기에 누워 있습니다"
"he was slain by God's judgement"

"그는 하나님의 심판으로 죽임을 당하였다"
"take up his body and the body of his lover"
"그의 몸과 그의 연인의 몸을 취하라"
"bury them in the corner of the Field"
"그들을 밭 모퉁이에 묻어라"
"let no mark of why they were be set above them"
"그들이 어찌하여 그들 위에 세워졌는지 아무 표도 하지 말라"
"don't give them any sign of any kind"
"그들에게 어떤 종류의 표시도 주지 마십시오"
"none shall know the place of their resting"
"자기가 쉴 곳을 아무도 알지 못하리라"
"because they were accursed in their lives"
"그들이 그들의 삶에서 저주를 받았기 때문에"
"and they shall be accursed in their deaths"
"그들이 죽음으로 저주를 받으리라"
And the people did as he commanded them
그러자 백성은 그가 명령한 대로 행하였다
in the corner of the field where no sweet herbs grew
달콤한 약초가 자라지 않는 밭 한구석에서
they dug a deep pit for their graves
그들은 무덤을 만들기 위해 깊은 구덩이를 팠습니다
and they laid the dead things within the pit
그들은 죽은 것들을 구덩이 안에 눕혔다

when the third year was over
3년째 되던 해에
on a day that was a holy day
거룩한 날이었던 날에
the Priest went up to the chapel
사제는 예배당으로 올라갔다
he went to show the people the wounds of the Lord
그는 사람들에게 주님의 상처를 보여주기 위해 갔다
and he spoke to them about the wrath of God
그는 그들에게 하나님의 진노에 대해 말하였다
he bowed himself before the altar
그는 제단 앞에 몸을 굽혔다
he saw the altar was covered with strange flowers

그는 제단이 이상한 꽃으로 덮여 있는 것을 보았습니다
flowers that he had never seen before
한 번도 본 적 없는 꽃들
they were strange to look at
보기에 낯설었다
but they had an interesting kind beauty
그러나 그들은 흥미롭고 친절한 아름다움을 가지고 있었다
their beauty troubled him in a strange way
그들의 아름다움은 이상한 방식으로 그를 괴롭혔다
their odour was sweet in his nostrils
그들의 냄새는 그의 콧구멍에서 달콤했다
he felt glad, but he did not understand why
그는 기뻤지만, 그 이유를 이해하지 못했다
he began to speak to the people
그분은 사람들에게 말씀하기 시작하셨다
he wanted to speak to them about the wrath of God
그는 하나님의 진노에 대해 그들에게 말하고 싶었다
but the beauty of the white flowers troubled him
그러나 흰 꽃의 아름다움이 그를 괴롭혔다
and their odour was sweet in his nostrils
그 냄새가 그의 콧구멍에서 달콤하게 풍겼다
and another word came onto his lip
그리고 또 다른 말이 그의 입술에 떠올랐다
he did not speak about the wrath of God
그는 하나님의 진노에 대해 말하지 않았다
but he spoke of the God whose name is Love
그러나 그는 사랑이라는 이름을 가진 하느님에 대해 말했다
he did not know why he spoke of this
그는 자신이 왜 이런 말을 했는지 몰랐다
when he had finished the people wept
그분이 말씀을 마치시자 백성은 눈물을 흘렸다
the Priest went back to the sacristy
사제는 제의실로 돌아갔다
and his eyes too were full of tears
그의 눈에도 눈물이 가득 고였다
the deacons came in and began to unrobe him
집사들이 들어와 그의 옷을 벗기기 시작했다

And he stood as if he was in a dream
그리고 그는 마치 꿈 속에 있는 것처럼 서 있었다
"What are the flowers that stand on the altar?"
"제단 위에 서 있는 꽃은 무엇입니까?"
"where did they come from?"
"그들은 어디서 왔는가?"
And they answered him
그러자 그들이 대답하였다
"What flowers they are we cannot tell"
"어떤 꽃인지 알 수 없다"
"but they come from the corner of the field"
"그러나 그들은 들의 한 모퉁이에서 나와"
the Priest trembled at what he heard
사제는 그 말을 듣고 몸을 떨었다
and he returned to his house and prayed
그리고 집으로 돌아가 기도하였다

in the morning, while it was still dawn
아직 새벽녘인 아침에,
the priest went forth with the monks
사제는 수도사들과 함께 나갔다
he went forth with the musicians
그는 음악가들과 함께 나아갔다
the candle-bearers and the swingers of censers
촛불을 든 자와 향로를 흔드는 사람
and he had a great company of people
그리고 그는 많은 사람들과 함께 있었다
and he came to the shore of the sea
그리고 그는 바닷가에 이르렀다
he showed them how he blessed the sea
그분은 바다를 어떻게 축복하셨는지 보여 주셨습니다
and he blessed all the wild things that are in it
그리고 그 안에 있는 모든 야생 생물을 축복하셨다
he also blessed the fauns
그는 또한 파운들을 축복했다
and he blessed the little things that dance in the woodland
숲 속에서 춤추는 작은 것들을 축복하셨다

and he blessed the bright-eyed things that peer through the leaves
나뭇잎 사이로 들여다보는 밝은 눈의 것들을 축복하셨다
he blessed all the things in God's world
그는 하나님의 세계에 있는 모든 것을 축복했다
and the people were filled with joy and wonder
백성은 기쁨과 놀라움으로 가득 찼다
but flowers never grew again in the corner of the field
그러나 밭 한구석에서 꽃은 다시는 자라지 않았다
and the Sea-folk never came into the bay again
그리고 바다 사람들은 다시는 만으로 들어오지 않았다
because they had gone to another part of the sea
그들이 바다의 다른 지역으로 갔기 때문이다

The End
끝

www.tranzlaty.com